"支架式"教学：助力学生能力攀升

——初中语文群文阅读教学研究

青海省初中语文张晓慧名师工作室　编

青海人民出版社

图书在版编目（CIP）数据

"支架式"教学：助力学生能力攀升：初中语文群
文阅读教学研究/青海省初中语文张晓慧名师工作室编
. -- 西宁：青海人民出版社，2024.8
ISBN 978-7-225-06700-1

Ⅰ．①支… Ⅱ．①青… Ⅲ.①阅读课—教案（教育）—
初中 Ⅳ.①G633.332

中国国家版本馆CIP数据核字（2024）第030639号

"支架式"教学：助力学生能力攀升
——初中语文群文阅读教学研究

青海省初中语文张晓慧名师工作室　编

出 版 人　樊原成

出版发行　青海人民出版社有限责任公司

　　　　　西宁市五四西路71号　邮政编码: 810023　电话:（0971）6143426（总编室）

发行热线　（0971）6143516/6137730

网　　址　http://www.qhrmcbs.com

印　　刷　青海雅丰彩色印刷有限责任公司

经　　销　新华书店

开　　本　787mm×1092mm　1/16

印　　张　13

字　　数　210千

版　　次　2024年8月第1版　2024年8月第1次印刷

书　　号　ISBN 978-7-225-06700-1

定　　价　42.00元

编委会名单

主　编：张晓慧

编　委：(以下排名不分先后，按音序和笔画排列)

岑礼霞　程晓林　郭　惠　黄　剑

黄　颖　韩忠萍　焦　俐　申玉瑜

徐　丽　赵　蕾　张永芳　张璐璐

代序："支架式"教学在初中语文群文阅读教学中的应用

张晓慧

支架式教学法是基于建构主义学习理论提出的一种以学习者为中心，以培养学生的问题解决能力和自主学习能力为目标的教学法。该教学法是指一步一步地为学生的学习提供适当的支架，让学生通过这些支架一步一步的攀升，逐渐发现和解决学习中的问题，掌握所要学习的知识，提高问题解决能力，成长为一个独立的学习者。

群文阅读教学，即师生围绕一个或多个议题，选择一组结构化文本，在单位时间内通过集体建构达成共识的多文本阅读教学 。

一、"支架式"教学和群文阅读教学的特点

维果斯基认为，在儿童智力活动中，对于所要解决的问题和原有能力之间可能存在差异，通过教学，儿童在教师帮助下可以消除这种差异，这个差异就是"最邻近发展区"。最邻近发展区定义为：儿童独立解决问题时的实际发展水平 (第一个发展水平) 和教师指导下解决问题时的潜在发展水平 (第二个发展水平) 之间的距离。基于维果茨基的"最近发展区"理论，布鲁纳提出了支架式教学的概念。支架式教学由搭脚手架、进入情境、独立探索、协作学习、效果评价五个环节组成。

作为建构主义理论下的教学范式，支架式教学具有以下特点：

1. 围绕"特定主题"选择支架。教师为学生提供的支架种类颇多,如提问、建议、范例、图表等。采用何种支架，需要教师根据教学内容、教学目标和学生表现综合决定。

2. 体现"由扶到放"教学过程。"由扶到放"意味着为学生搭建的支架是随着学生能力的增强而逐步撤去的。随着学生对新知识愈发熟悉和适应性的逐渐增强，

教师便可以逐渐减少和降低支架使用的数量和支持度，最终使学生无需教师的帮助便能独立完成学习任务。

3. 实现"由师到生"责任转移。随着支架的逐渐撤离，学习任务的责任逐渐转移到学习者身上。

统编版初中语文教材建构了"三位一体"的阅读教学体系，课外阅读成为课程的有效组成部分。统编初中语文教材在一篇课文后（主要设置在教读课文的"积累拓展"和自读课文的"阅读提示"中，也有些在"预习"中）推荐若干课外阅读篇目，设置一定任务，引导学生进行同主题阅读、拓展延伸性阅读、回顾总结性阅读和比较阅读，沟通课内外的联系，扩大学生的阅读量。如八年级上册第 7 课《列夫·托尔斯泰》课后阅读提示推荐《三作家》《三大师》;第 16 课《昆明的雨》课后阅读提示推荐《故乡的食物》《翠湖心影》《我的家乡》；一些课外拓展指向整本书阅读，比如七年级上册第 9 课《从百草园到三味书屋》"积累拓展"第五题:"文中那个活泼可爱、尽情玩耍的小鲁迅宛在眼前，你看到文字后面那个拿笔写作的'大'鲁迅了吗? 你觉得这个'大'鲁迅是带着怎样的情感来写本文和《朝花夕拾》中其他文章的? 请结合本单元后的'名著导读'栏目的相关内容谈谈你的认识。"

《义务教育语文课程标准（2022 年版）》在第四学段"阅读与鉴赏"部分指出:"能利用图书馆、网络搜集自己需要的信息和资料，帮助阅读。学会制订自己的阅读计划，广泛阅读各种类型的读物，课外阅读总量不少于 260 万字。"新教材和新课标均体现了"读书为本，读书为要"的阅读教学理念，这对学生阅读的量与质提出了要求。采用"1+X"阅读教学方法，也就是群文阅读，这种教学方法能发挥语文课堂的"主渠道"作用，将大量的课外阅读纳入到课程体系，进入到语文课堂，并保证落实。以阅读内容为切入口倒逼减少课文教学繁琐的分析、提问，为大量阅读进入语文课堂腾出时间和空间，从而改变语文教学方式。群文阅读不仅能扩大学生的阅读量，实现课内外阅读的有效衔接，而且能提高学生的语文核心素养。群文阅读教学具有以下特点：

1. 选文具有多向性。教师在选文的过程中是以一个或者多个议题为中心，选择一组文章指导学生进行阅读。教师在选文的过程中围绕主题、写法、作者、表达方式等方面选择文本，可以是相同文体、相同作者，也可以是不同作者、不同文体，选文具有多向性，但都会关注文本的关联性。

2. 议题具有开放性。群文阅读之所以能够极大地提高学生的阅读能力，一个重要的原因在于其所选议题的开放性和可讨论性。在群文阅读的过程中，教师和学生围绕议题进行讨论，在开放性的讨论过程中极大地提高了学生的思考能力和欣赏能力，促进了学生语文阅读能力的发展。

3. 新知具有集体建构性。群文阅读教学的过程中，教师是教学的引导者、组织者，同时也是和学生进行沟通的对话者。群文阅读教学的主体是学生，在群文阅读教学过程中，教师需要激发学生的阅读兴趣，通过形式多样的教学活动让学生在阅读过程中自主地发现问题、提出问题、解决问题。在师生合作、生生合作的过程中，师生围绕议题对多个文本进行阅读、分析、讨论，形成具有认知差异的个性化思维成果，然后再进行统整，达成共识而完成集体建构。

二、支架式教学与群文阅读的适切性

维果斯基和布鲁纳都是建构主义的代表人物，支架式教学法的理论依据是建构主义理论。建构主义理论认为学习是学生动态的建构过程，教师在这个过程中起着组织、引领、帮助、促进的作用。这与《义务教育语文课程标准（2022 年版）》倡导的"语文课程实施要从学生语文生活实际出发，创设丰富多样的学习情境，设计富有挑战性的学习任务，激发学生的好奇心、想象力、求知欲，促进学生自主、合作、探究学习；引导学生注重积累，勤于思考，乐于实践，勇于探索，养成良好的学习习惯；关注个体差异和不同的学习需求"等理念不谋而合。

将基于建构主义理论的支架式教学法与群文阅读进行有机整合，把支架式教学法的"搭脚手架、进入情境、独立探索、协作学习、效果评价"五个环节与群文阅读的"读、比、议、结"四个过程相结合，搭建支架，激发群文阅读教学的活力。支架对学生学习的支持作用与议题贯穿于群文阅读教学有相通之处，支架式教学和群文阅读教学都注重创设情境，从学生语文生活实际出发，创设丰富多样的学习情境，设计富有挑战性的学习任务，可以激发学生的好奇心、想象力、求知欲，促进学生自主、合作、探究学习；在群文阅读之前学生需要自主阅读，独立探索；分析、探讨多文本之间的异同需要学生之间互相协作；效果评价目的是评估学生的群文阅读效果，通过评价来进一步助推学生的学习，这便是学生阅读群文时的"议"与"结"。

三、支架式教学与群文阅读教学结合的可行性

1. 认知特点基本一致

建构主义理论下的支架式教学法注重学生的认知发展特点。美国学者霍恩斯坦深受建构主义的影响，依据认知的复杂性、深刻性以及过程性，将教学目标分为认知、情感、动作技能和行为四个领域，其中，认知领域分为概念化、理解、应用、评价、综合五个层次。群文阅读要求学生概括多文本之间的信息，从而理解文本之间的异同，这便是认知领域的理解；在合作学习和集体建构的过程中，是培养应用、评价、综合能力的过程。群文阅读教学注重学生思维活动的过程性、整体性，培养学生的高阶思维，体现了霍恩斯坦教学目标分类的层次性。

2. 学生主体地位相同

支架式教学与群文阅读教学都尊重学生的主体地位。建构主义认为在学习过程中学生不是被动、机械的吸收者，而是自我管理、自我调节的主动建构者。支架式教学以学生为主体，教师通过搭建脚手架引导学生不断思考探究形成自己的认知。群文阅读教学也注重发挥学生的主体地位，从教学目标的设定、教学方法的选择、问题的设置、合作学习的过程等均要考虑学情，突出学生主体地位。尤其在合作学习、集体建构环节，学生要依据自己已有知识和能力整合多文本中的有效信息，达成新旧经验的融合，通过合作探究完成新知建构。

3. 实施环节高度契合

支架式教学的基本环节是：搭建支架、创设情境、独立探索、协作学习、效果评价。群文阅读教学的基本环节是：确定议题、选择文本、自主阅读、集体建构、达成共识。二者的教学环节虽然在表达上不同，但内在实质是契合的。在教学中学生是学习的主体，教师是学习的主导，教师时刻关注学生的阅读体验，学生在教师引导下围绕议题阅读多个文本，探讨、交流与分享。

四、"支架式"教学在群文阅读教学中的应用策略

1. 支架搭建要精准

（1）根据教学目标，搭建支架。

支架式教学首先要对教学目标进行准确判断。有机统一的多篇文本是群文阅

读教学的根基，开展群文阅读教学，教师需要深入钻研每篇文本的内容，总结文本之间所隐含的共性与差异，做到先从宏观把握文本，这样才能准确定位学习目标，搭建支架也要以实现教学目标为根本。如郑振铎的《猫》是七年级语文上册第五单元的一篇现代散文，本单元要求学习默读的技巧，养成圈点勾画的习惯；揣摩三篇文章对猫的描写，学习作者高超的描写手法；在整体感知文章的基础上，体会作者的思想感情，养成关爱动物，善待生命的情感。为实现教学目标，在教学设计中主要使用了表格支架，讲读郑振铎的《猫》时，设计了在文章上圈点勾画，采用摘录的方式将三只猫的来历、外形、性情、地位、结局进行对比，完成表格。在群文阅读教学中，文章的谋篇布局、描写方法、主题探究都是群文阅读教学的重要内容，教师可以借助各种表格支架，帮助学生更快地筛选信息，让学生体会群文的异同。

（2）根据学习者特征，搭建支架。

不同的学生，其最近发展区是不同的，教师要注意这种差异，在教学中考虑班级学生的起点情况，根据教学目标的终点要求，分析预测学生学习的困难，从而准确预计学生的最近发展区，为学生提供合适的学习支架。教师需在判断学习者原有知识和技能、学习风格、能力水平、情感因素的基础上设置情境、安排学习任务、准备支架。基于初中生的认知水平，如在教授《从百草园到三味书屋》群文时，为实现由"教教材"到"用教材教"的目的，在教学中加大了"教读和自读"两类课型的区分力度，《从百草园到三味书屋》讲读，《风筝》《五猖会》自读。讲读课由教师带着学生，运用一定的阅读策略完成相应的阅读任务，达成相应的阅读目标，目的是学"法"，重视学法指导。自读课学生运用在讲读课上获得的阅读经验，自主阅读，解决新的问题，目的是用"法"。这是在群文阅读中搭建了范例支架，实际上群文阅读中的讲读课都是一个范例。再如在郑振铎《猫》群文阅读教学设计中使用了范例支架。七年级学生具备了一定的阅读素养和欣赏能力，在学习新知之前，为学生提供一个范例，其实质就是提供某种意义的参考和借鉴，让学生受到启发，顺利地完成学习任务。在第二课时"研一研、写一写"环节，学生运用老师教授的方法阅读理解，分析探究，获得新知。学生通过范例支架，有法可依，阅读理解能力和写作能力得到进一步提升。范例可以避免拖沓冗长或含混不清的解释,帮助学生较为便捷地达到学习目标。

2. 教学环节要清晰

支架式教学实施的基本环节遵循学习支架理论,支架应按照学生智力的"最近发展区"来建立,而且通过"支架作用"不停地把学生的智力从一个水平提升到另一个新的更高的水平。支架式教学的基本环节包括以下五个方面。

(1)搭脚学习支架:围绕当前学习主题,按"最近发展区"的要求建立概念框架。

(2)进入情境:将学生引入一定的问题情境。

(3)独立探索:让学生独立探索。探索过程中教师要适时提示,帮助学生沿概念框架逐步攀升。

(4)协作学习:进行小组协商、讨论。

(5)效果评价:对学习效果的评价包括学生个人的自我评价和学习小组对个人的学习评价。支架式教学法的五个基本环节,可以推动群文阅读教学有序进行。在独立探索、合作学习、效果评价这几个环节,教师的作用是组织和引导。群文阅读在教学中要充分发挥学生的主动性,让学生由知识的被动接收者变为主动建构者,激发学生学习的潜力与动力。

3. 合作学习要优化

支架式教学法和群文阅读一样,注重学生的独立探究与协作学习。群文阅读是多文本的联结,它的议题具有开放性,师生围绕同一议题进行探讨,学生思考不同文本之间的关系,积极发表自己的观点,同时倾听来自不同学生的声音,在教师的引导下集思广益,寻找文本的共性和差异,达成集体建构。群文阅读教学强调以学生为本位,尊重学生的阅读体验,将支持学生自主学习与合作探究相结合。

由于每个学生原有知识经验的不同,对新事物的理解也迥异,对合作探究来说都是一种可贵的学习资源。通过学生与学生之间、学生与教师之间的协商讨论,可以共享独立探索的成就,共同解决独立探索过程中所遇到的问题。在共享集体思维成果的基础上达到对当前所学知识的比较全面正确的理解,最终完成对所学知识的意义建构。因此教师在组织合作学习时,要优化学习过程。要有目标、有分工、有管理、有方法、有评价。学生们在合作学习的过程中要培养八种技能:学会倾听、学会记录、学会互学、学会展示、学会思考、学会质疑、学会合作、学会探究。学生们通过讨论，在汲取他人经验的同时还可不断地对自己的学习过程进行反思，培养学生的合作能力、表达能力及交流能力。

4.效果评价要重视

支架式教学法注重效果评价，评价对教学过程具有导向作用，在教学中评价应围绕学生学习的过程性表现进行。评价内容包括：自主学习能力，对小组协作学习所做出的贡献，是否完成对所学知识的意义建构等。过程性评价应发挥多元评价主体的积极作用，学生自己、学习同伴、班主任、任课教师、家长等均可参与过程性评价。评价方式要充分关注学生在兴趣、能力和学习基础等方面的个体差异，引导学生开展自我评价和相互评价。通过多主体、多角度的评价反馈，帮助学生处理好语文学习和个人成长的关系，学会自我反思和自我管理。

如在古诗词群文阅读教学中，注意引导学生结合诗歌情境进行朗诵。在诗歌朗诵展示环节，设计评价量表，采用多元评价方式，侧重考察学生对语言、形象、情感、主题的领悟。课堂上告知学生评价标准，引导学生对照评价标准学习更加有效。新课标指出，课堂教学评价是过程性评价的主渠道。教师应树立"教—学—评"一体化的意识，科学选择评价方式，合理使用评价工具，妥善运用评价语言，注重鼓励学生，激发学习积极性。教师要注意收集和整理学生语文学习的过程性表现方面的材料，记录学生核心素养发展的典型表现，了解学生的学习态度、个性特点和其内在学习品质的发展。

五、群文阅读教学中支架搭建的建议

1.搭建情境支架，激发学生群文阅读兴趣

多篇文本阅读量大，学生会有畏难情绪，所以教师在群文阅读教学前应为学生搭建情境支架，激发学生阅读兴趣。教师可以利用多媒体为学生提供文字、图片、视频、音频等学习资源。

如教师在进行群诗教学时，为了让学生感受诗歌的音韵美，提高学生的审美情趣，可以为学生搭建朗读诗歌的情境支架，教师有感情范读或者为学生播放朗诵家的朗诵音频。在写景散文《春》《济南的冬天》《雨的四季》群文阅读教学时，可以让学生借助图片来感受这些景色之美。在鲁迅专题《从百草园到三味书屋》《五猖会》《风筝》群文阅读时，用诗歌《村居》创设情境，让学生感受儿童游戏的快乐。

2. 搭建范例支架，增强学生群文阅读信心

范例就是指可以当做典范的例子。范例支架是指符合学习目标要求的学习成果（或阶段性成果），往往包含了特定主题的学习中最重要的探究步骤或最典型的成果形式。在学习新知识之前，为学生提供一个范例，让学生受到启发，以顺利地完成学习任务。好的范例在技术和主题上都会对学生的学习起到引导作用。如在《石壕吏》《新安吏》《垂老别》群文阅读教学时，教师的范读为学生朗诵展示起了一个很好的范例，最后展示教师自创诗歌一首《咏子美》也为当堂课的写作提供了范例。再如在讲授以"边塞诗里的家国情怀"为议题的群诗教学时，教师将群文阅读引向群文写作，先为学生搭建范例支架，提供其他班或上届学生所写的精品习作，激发学生当堂创作的欲望。

3. 搭建图表支架，培养学生群文建构能力

群文阅读教学着眼于让学生对比多篇文本的异同来培养学生的批判性、创新性思维，在群文共读的情境之下，搭建图表支架可帮助学生对多篇文本进行探索，有利于提高学生的阅读分析能力。例如鲁迅专题《从百草园到三味书屋》《五猖会》《风筝》群文阅读，设计表格支架，要求学生找找《从百草园到三味书屋》《五猖会》《风筝》中描写童真、童趣的语句，完成课前学习任务单。课堂上展示独立学习成果，师生评价促进提高。再如郑振铎《猫》、季羡林《老猫》、夏丏尊《猫》群文阅读教学，为实现教学目标，在教学设计中主要使用了表格支架，讲读郑振铎的《猫》时，设计了在文章上圈点勾画，采用摘录的方式将三只猫的来历、外形、性情、地位、结局进行对比，完成表格。在群文阅读中，设计了阅读季羡林的《老猫》、夏丏尊的《猫》，在文章上圈点勾画，采用摘录的方式完成表格。表格不仅能直观地展示学习内容，还能对多篇文本进行清晰地对比，有利于学生群文学习系统化。

4. 搭建问题支架，提高学生群文解构能力

探究性是群文阅读教学的重要特征之一，课堂究竟探讨什么成为教学的关键。设计有效的问题，为学生搭建问题支架，能使学生在小组合作、集团建构过程中交流、共享得更加深入。教师可以设置一些能够激起学生兴趣和求知欲的问题。如统编版教材中的《秋天的怀念》《散步》《背影》这三篇文章的群文

阅读教学，围绕单元主题"至爱亲情"，教师可以把"矛盾之中见亲情"确立为议题，设置的问题支架是"三篇文章的矛盾都是什么？在矛盾中怎样体现亲情？"再如《石壕吏》《新安吏》《垂老别》群文阅读教学，围绕"杜诗中的战争与和平"这一议题，设置"诗人对战争的态度是什么？诗人对人民参战的态度是什么？"两个问题。学生深入研讨，积极探索，一步一步在文中寻找依据，最终解决问题。搭建的问题支架应能引起学生参与学习的兴趣和热情，激发起学习动力。问题的提出应该能引起学生的认知冲突，使学生感到认知难度，但又不会超越其最近发展区的认知区域。

群文阅读教学的支架类型很多，包括范例、表格、问题、情境、建议、向导等不同类型。不是一个教学环节只能搭建一种教学支架，不同类型的教学支架可以灵活、穿插使用，教师需要根据自己的实际教学情况，自如地搭建与撤去支架。

参考文献：

[1] 庄志强. 学习支架建构技能训练 [M]. 天津：天津教育出版社，2010.

[2] 中华人民共和国教育部. 义务教育语文课程标准（2022 年版）[M]. 北京：北京师范大学出版社，2022.

目　录

印象童年

《从百草园到三味书屋》《五猖会》《风筝》群文阅读

【教材分析】

本组文章以"印象童年"为阅读主题，《从百草园到三味书屋》是七年级上册第三单元中的一篇讲读课文，选自《朝花夕拾》。《五猖会》记述了作者儿时盼望观看迎神赛会，却因被父亲强迫背书而失去兴趣的事，表现封建教育对儿童天性的压制。《风筝》中，作者回忆自己粗暴地毁坏小兄弟喜爱的风筝的事，表现了封建伦理和教育思想对儿童心灵的摧残。在鲁迅的这一组脍炙人口的散文中，作者以如诗的笔触，舒卷自如地为人们描绘了一个妙趣横生的童心世界，文章中的状物、叙事、写人都栩栩如生，是鲁迅散文中的精品。

【学情分析】

《从百草园到三味书屋》是学生升入初中后第一次学习到的鲁迅作品，本课反映的是儿童生活，贴近学生的生活。《风筝》《五猖会》两篇文章虽然有的部分比较含蓄，对学生而言理解有些难度，但都写到了儿童的生活，容易让学生产生情感共鸣。阅读这三篇文章既可感受到童真、童趣，了解鲁迅的儿童教育观，也可以引导学生去正确地认识生活，体味成长中的快乐与烦恼，感受作者热爱自然、热爱生活的感情。设计群文阅读，指导学生学会在阅读中把握基本内容，了解文章大意。在通读课文的基础上，理清思路，理解、分析主要内容，品味作品中富于表现力的语言，能对作品中感人的情境和形象说出自己的体验。

【教学目标】

1.学习默读，养成一气呵成读完全文的习惯，整体感知文章的基本内容，理解文章主题。

2.精读三篇文章中描写人物的部分，学习通过外貌、语言、动作、心理活动刻画人物的方法。

3.探究鲁迅的儿童教育观，感悟作者热爱自然、热爱生活的感情。

【教学难点】学习通过外貌、语言、动作、心理活动刻画人物的方法。

【学法指导】学生通过教师搭建的支架，课前独立阅读完成导学单，自主分析材料建构知识。课堂上在老师的引导下，既能独立探索又能协作学习。师生、生生共同促进问题的解决。

【教学课时】一课时

【教学过程】

一、新课导入

以诗歌《村居》导入。

村居

〔清代〕高鼎

草长莺飞二月天，拂堤杨柳醉春烟。

儿童散学归来早，忙趁东风放纸鸢。

二、默读：童年如歌

（一）默读课文

方法引路：不出声，不动唇，不指读，不回看，一气读完全文，以保证阅读感知的完整性和一定的阅读速度。

默读"四关注"：文章主题请重点关注标题、开头、结尾和关键句。

（二）请用简洁的语言概括文章内容

方法引路：人物＋事件

《从百草园到三味书屋》描述了作者儿时在家中百草园得到的乐趣和在三味书屋的学习生活。

三、研读：童年欢歌

（一）勾画出《从百草园到三味书屋》中描写"我"玩耍的语句，说一说表现了"我"什么特点

方法引路：眼到、心到、手到（圈点勾画重点词句，边阅读，边思考，边分析，

做批注。)

小时候的鲁迅是一个充满童真的孩子，热爱向往大自然，喜欢在大自然中寻找乐趣，不管是在百草园还是在三味书屋的后花园发生的故事都可以证明这一点。

（二）立足文本析主题。关于本文的中心，有三种不同的意见，你同意哪一种，请从原文中找出依据

1. 这篇课文用百草园自由快乐的生活衬托三味书屋枯燥无味的生活，揭露和批判脱离儿童实际的封建教育。

2. 这篇课文用百草园自由快乐的生活同三味书屋枯燥无味的生活作对比，表现了儿童热爱大自然、喜欢自由快乐生活的心理，同时对束缚儿童身心发展的封建教育表示不满。

3. 这篇课文通过对百草园和三味书屋美好生活的回忆，表现了儿童热爱自然、喜欢自由快乐生活、天真幼稚的心理。

四、群文阅读：童年骊歌

（一）找找《从百草园到三味书屋》《五猖会》《风筝》中描写童真、童趣的语句

展示学生的课前学习任务单，展示独立学习成果，师生评价。

《从百草园到三味书屋》：百草园的游戏玩乐，三味书屋读书学习之外的乐趣。《五猖会》：盼望五猖会的描写，"我"背书的感受。《风筝》：小兄弟出神看风筝的描写，做蝴蝶风筝的描写。

（二）独立思考并回答：请用简洁的语言概括《五猖会》《风筝》的内容

方法引路：人物＋事件

《五猖会》讲述了主人公儿时盼望到东关看五猖会和父亲逼迫背《鉴略》之间的冲突。《风筝》一文写鲁迅小时候对风筝十分厌弃，而他的小兄弟十分喜欢风筝，有一次小兄弟偷偷在制作蝴蝶风筝的时候，被他发现并把这个风筝销毁掉的故事。

（三）小组合作，谈谈《五猖会》《风筝》的主题

方法引路1：默读"四关注"，文章主题请重点关注标题、开头、结尾和关键句。

方法引路2：采用记叙文主题的基本句式："本文记叙了……表现了……"

《五猖会》：文章记述作者儿时盼望观看迎神赛会，却因被父亲强迫背书而失去兴趣的事，表现了封建教育对儿童天性的压制。

《风筝》：文章回忆作者儿时粗暴地毁坏小兄弟喜爱的风筝的事，表现了封建伦理和教育思想对儿童心灵的摧残。

（四）小组合作，探究思考《从百草园到三味书屋》《五猖会》《风筝》三篇文章的相同点

1. 都是鲁迅先生的回忆性散文。

2. 都表现儿童的童真童趣，即有强烈的好奇心、求知欲，活泼可爱，热爱大自然，喜欢自由快乐的生活。

3. 刻画人物的方法基本相同。

4. 都表现鲁迅的儿童教育观，表达对儿童教育的思考。

（五）教师引导学生探究鲁迅的儿童教育观

1. 应理解、尊重儿童的天性，倡导"以孩子为本位"的教育思想。

2. 给予孩子真正的童年，健康成长。

3. 儿童教育要讲究方式方法。

五、致敬鲁迅

许广平女士在少儿版《鲁迅作品选》的序中写道："鲁迅一生关怀儿童教育，勇敢地承担了保卫儿童的责任。"

播放歌曲《童年》，愿天下儿童都有一个快乐的童年。

六、课后作业

根据课堂上习得的人物描写方法，修改学习任务单上的微作文；选择自己最喜欢的一种游戏，描述游戏过程。

七、板书设计

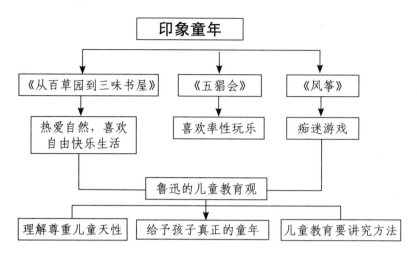

【教学反思】

一、群文阅读教学

由单篇教学到群文阅读教学，由课内向课外延伸，更好地起到举一反三的作用，实现由"教教材"到"用教材教"的目的。本人在教学中加大"教读和自读"两类课型的区分力度，《从百草园到三味书屋》讲读，《风筝》《五猖会》自读。讲读课由教师带着学生，运用一定的阅读策略完成相应的阅读任务，达成相应的阅读目标，目的是学"法"，所以本人重视学法指导。自读课，学生运用在讲读课上获得的阅读经验，自主阅读，解决新的问题，目的是用"法"。在议题设置上，主要围绕三篇文章中儿童的特点、人物描写方法、表现的主题三个方面展开阅读理解。本堂课设计了小组合作，探究《从百草园到三味书屋》《五猖会》《风筝》三篇文章的异同。学生在合作探究中，通过整体感知、欣赏和评价，感受了鲁迅作品语言文字和人物形象的独特魅力，获得了个性化的审美体验，提高了审美品位。在教学中注意在阅读与鉴赏、表达与交流、梳理与探究的过程中，努力提升学生的核心素养。

二、支架式教学

本堂课设计为一课时，在一节课上要完成三篇文章的学习，课前的学习是必须的。为此本教学设计搭建了工具支架：课前学习任务单。学生在课前先阅读和学习，本人根据任务单上的学生的共性问题确定教学目标，先学后教，培养学生自主独立探索的习惯和能力，这样使教学效果事半功倍。

在独立探索和协作学习环节，均搭建了建议支架。如默读的方法、概括文章内容的方法、研读的方法、主题的探究等部分均设有建议支架。与"问题"支架的启发性相比，建议支架的表现方式更为直接，可为学生提供宽松的表达环境，缓解心理压力，学生更容易掌握知识点。

另外还有范例支架:《从百草园到三味书屋》讲读,是教阅读和赏析的方法,《五猖会》《风筝》自读，学生用讲读课上习得的知识来学习。在群文阅读中以一篇为范例，教师通过渗透阅读策略，指导学生阅读方法，鼓励学生独立探索、协作学习、举一反三，学生通过教师搭建的支架，逐步提升阅读能力。

（设计者：西宁市第一中学　张晓慧）

《从百草园到三味书屋》《五猖会》《风筝》群文阅读导学单

1. 默读三篇文章,用简洁的语言分别概括《从百草园到三味书屋》《风筝》《五猖会》的内容。

2. 在书上勾画出描写儿童玩耍的句子，读一读，赏一赏。

篇目	描写儿童玩耍的句子	表现儿童的特点
《从百草园到三味书屋》		
《风筝》		
《五猖会》		

3. 在书上勾画出描写老师、父亲、哥哥的句子，读一读，赏一赏。

篇目	描写人物的句子	人物描写的方法	表现人物的特点
《从百草园到三味书屋》中的老师			
《风筝》中的哥哥			
《五猖会》中的父亲			

4. 微作文：选择自己最喜欢的一种游戏，描述游戏过程，50字左右。

猫带给"我"的思考

《猫》（郑振铎）、《老猫》（季羡林）、《猫》（夏丏尊）群文阅读

【教材分析】

郑振铎的《猫》是七年级《语文》上册第五单元的一篇散文。这篇课文通过记叙"我"的三次养猫经历，特别是由于"我"的主观臆断造成第三只猫的冤死，使"我"深深地自责，表达了同情、怜爱弱小者的思想感情。拓展阅读的第一篇文章是季羡林的《老猫》，文章描写了一只虎皮斑纹、不美观、很普通，但却十分善解人意的猫，它体念主人，不想主人为自己难过而离家。文章主要写的是对老猫离去的哲学思考，表达季羡林先生对生死的感悟以及坦然豁达的生命追求。拓展阅读的第二篇文章是夏丏尊的《猫》，文章细致、生动地描述了猫的古怪性格和它满月时的淘气可爱，表达对猫的喜爱之情，描绘了人与猫之间互相信任、和谐相处的美好画面。

这组围绕"人与动物"主题的三篇散文都是写"猫"这一动物，这组文章描绘了人与动物相处的种种情形，有的表达了对动物的欣赏、对其命运的关注，有的表现了人与动物的矛盾冲突。阅读这些文章，可以增进对人与大自然关系的理解，加强对自我的理解和反思，形成尊重动物、善待生命的意识。该群文阅读设计了"人与动物"学习任务群，围绕学习主题创设了阅读情境。通过圈点、批注等方法，揣摩、品味作品中的重要词句和富有表现力的语言；在把握段落大意、理清思路的基础上，学会概括文章的中心思想；引导学生感受文学之美，表达自己独特的感受与思考，促进学生的精神成长。

【学情分析】

七年级的学生年龄比较小，他们对小动物情有独钟，所以他们对《猫》这类

记叙小动物的文章比较感兴趣。七年级学生具备了一定的阅读素养和欣赏能力，在第四学段，阅读与鉴赏的学段目标是：欣赏文学作品，有自己的情感体验，初步领悟作品的内涵，从中获得对自然、社会、人生的有益启示。能品味作品中富于表现力的语言，对作品中感人的情境和形象说出自己的体验。能与他人合作，共同探讨、分析、解决疑难问题。因此，要根据这些目标精心设计教学环节。

【教学目标】

1.学习默读的技巧，养成圈点勾画和做摘录的习惯。

2.群文阅读，揣摩三篇文章对猫的描写，学习作者高超的描写手法。

3.梳理归纳，在整体感知文章的基础上，体会作者的思想感情，养成关爱动物，善待生命的情感。

【教学重点】分析三篇文章在写法上的相同点和不同点。

【教学难点】理解作者在文中阐发的人生哲理及表达的对生命和为人处世的深沉思考。

【教学课时】两课时

第一课时

【课时目标】

1.学习默读的技巧，养成圈点勾画和做摘录的习惯。

2.群文阅读，了解三只猫的不同外形、性情及在家中的地位，体会文章的思想感情及蕴涵的人生哲理。

【教学过程】

一、激趣导入

猜谜语

脚穿软底靴，唇生长胡须，夜里不困当巡捕，日里困了念弥陀。

（打一动物）

二、检查预习： 利用希沃字词软件检测字词预习情况。

三、默读课文，完成下表。

默读方法指导：不出声，不动唇，不指读，不回看，一气读完全文，以保证阅读感知的完整性和一定的阅读速度。还要学会在阅读中把握基本内容，了解文章大意。阅读时需要重点关注标题、开头、结尾及文段中的关键语句，养成圈点、勾画和摘抄的习惯。

	第一只猫	第二只猫	第三只猫
来历	隔壁要来的	舅舅家抱来的	张婶捡来的
外形	花白的毛，如带着泥土的白雪球	浑身黄色，很可爱	毛色花白，并不好看，瘦，毛被烧脱了几块，更觉难看
性情	活泼	较第一只更活泼,更有趣,会捉鼠	天生忧郁，不活泼，懒惰
地位	宠物	宠物	若有若无，不大喜欢
结局	死亡	丢失	死亡

四、研一研

小组合作，研读课文相关内容，回答下列问题。

（一）读一读描写猫的语句，说说三只猫的特征

"花白的毛，很活泼，常如带着泥土的白雪球似的，在廊前太阳光里滚来滚去。"——活泼可爱的猫。

"它在园中乱跑，又会爬树，有时蝴蝶安详地飞过时，它也会扑过去捉。它似乎太活泼了，一点也不怕生人，有时由树上跃到墙上，又跑到街上，在那里晒太阳。"——更活泼更有趣的猫

"毛色是花白的，但并不好看，又很瘦。"——可怜的猫

（二）"我"根据什么判定芙蓉鸟是第三只猫咬死的？在文中找到相应的语句

（三）作者对第三只猫的死表达了什么人生思考？

1.无论做什么事情，千万不能凭个人的好恶、私心和偏见加以处置，否则就会出差错，甚至造成无法补救的严重过失；

2.关爱动物，爱护弱小，善待生命，尊重生命，与动物和谐相处；

3.人类应勇于自我反省，反思人类自身弱点；

4.保持正义感、同情心、悲天悯人的情怀……

五、想一想

教师引导学生思考：文章在情节和结构安排上有什么特点？

（一）情节曲折，结构严谨

文章围绕中心叙写了三个故事，每个故事都以养猫的亡失为线索，都具有相对的完整性。三个故事又是按照时间顺序排列组成一串，构成一段家庭养猫的悲剧史：得猫——养猫——亡失——再得猫——再养猫——再亡失——复得猫——复养猫——复亡失——永不养猫。情节三起三落，层层推进。

（二）首尾呼应和伏笔的设置

衔接呼应表现为：开头交代几次养猫的结局，抛出线索，总领全文，末了以"我家永不养猫"收尾，饱含深意，呼应开头。三个故事之间又有过渡段贯通弥合。

伏笔的设置表现为：第一只猫忽然消瘦预示其病死；写第二只猫街上乱跑，预示其被人捉走；写第三只猫凝望鸟笼，预示其被冤打致死。所以这些都起到了穿针引线、连珠缀玉的作用，把三个故事和各个故事之间的情节缀连成有机的整体，浑然天成，天衣无缝。

六、布置作业

阅读季羡林的《老猫》、夏丏尊的《猫》，在文章上圈点勾画，采用摘录的方式完成表格。

《老猫》（季羡林）		
描写角度	摘抄句子	表现的特点或性格
外形		
动作		
声音		
神情		
归纳本文采用的写法：		

《猫》（夏丏尊）		
描写角度	摘抄句子	表现的特点或性格
外形		
动作		
声音		
神情		
归纳本文采用的写法：		

第二课时

【课时目标】

1. 群文阅读，揣摩三篇文章写动物时生动的细节描写，学习作者高超的描写手法。

2. 梳理归纳，在整体感知文章的基础上，体会作者的思想感情，树立关爱动物、善待生命的价值观。

【教学过程】

一、导放新课

郑振铎写的是猫，却巧妙地借物抒情，曲折地表达了同情、怜爱弱小者的思想感情。这节课我们用上节课学习的方法，再研读两篇写猫的文章。

二、研一研

（一）小组内交流季羡林的《老猫》、夏丏尊的《猫》两篇文章对猫的描写

季羡林对猫的描写：

1. 细致观察写外形如："身上有虎皮斑纹，颜色不黑不黄。""两只炯炯有神的眼睛，两眼一睁，还真虎虎有虎气。"

2. 动作、声音写习性如："虎子蜷曲在玻璃窗外窗台上一个角落里，缩着脖子，眯着眼睛。""它偎依着我，'咪噢'叫了两声，便闭上了眼睛。"

3. 比拟和想象写情绪如："浑身一片寂寞、凄清、孤独、无助的神情。"

4. 正面、侧面结合写地位和特征。

夏丏尊对猫的描写：

1. 细致观察写外形如："猫确是金银嵌，虽然产毛未退，黄白还未十分夺目。""白玉似的毛地上，黄黑斑错落的非常明显，当那蹲在草地上或跳掷在凤仙花丛里的时候，望去真是美丽。"

2. 动作、声音写习性如："猫把背一耸就跟跄得向房里遁去。接着就从房内发出柔弱的'尼亚尼亚'的叫声。""猫正在在檐前伸了小足爬搔着柱子，突然见我们来，就跟跄逃去。"

3. 比拟和想象写情绪如："立时从伙食间里发出'尼亚尼亚'的悲鸣声和嘈杂的搔爬声来。"

4. 正面、侧面结合写地位和特征。

（二）小组合作探究，结合三篇文章归纳描写动物的方法

1. 细致观察写外形：头、眼、身、皮毛等，不需面面俱到，突出特点，恰当使用修辞手法；

2. 运用动作、声音写习性：通过捕食、睡眠、性情等；

3. 运用比拟和想象写情绪：通过动作、叫声、眼神等描写情绪；

4. 对比写、正面写、侧面写等多种方法突出特征。

（三）小组合作探究，议一议三篇写猫文章的相同点和不同点

相同点：

1. 都是叙事散文；

2. 对猫、对人的描写方法基本相同；

3. 情节曲折，结构严谨，都有伏笔的设置；

4. 三篇文章写猫，但并不仅仅局限于猫，而是借此阐发人生哲理，表达对生命和为人处世的深沉思考。都围绕了人和动物共同相处的问题来写，表现了尊重动物、善待生命的意识。

不同点：

猫带给"我"的思考不同，作者借此阐发人生哲理，表达对生命和为人处世的不同思考。

郑振铎《猫》：无论做什么事情，千万不能妄下断语，凭个人的好恶、私心和偏见加以处置，否则就会出差错，甚至造成无法补救的严重过失。

季羡林《老猫》：人类要有豁达的生命观，坦然面对生死。

夏丏尊《猫》：凡事要实事求是，对人对事都别存偏见私心，要宽容，要仁爱，要同情帮助弱小。

三、写一写

想象作文：假使郑振铎的第三只猫、季羡林的老猫、夏丏尊的猫在路上相遇了，想象一下，他们在一起会说些什么、做些什么？

四、评一评

每个小组推荐一名同学朗读习作，小组间进行评价。

项目标准	内容	表达	结构	中心
优秀作文 （85-100分）	内容合理，细节突出，形象丰满。	想象丰富，描写细腻，语句通顺。	详略得当，结构严谨。	中心突出
良好作文 （70-84分）	内容较合理，有细节描写，形象突出。	想象较丰富，描写生动，语句较通顺。	详略较得当，结构完整。	中心明确
一般作文 （69分以下）	内容不够真实，没有细节描写，形象不太突出。	缺少想象，缺少描写，语句不太通顺。	详略不当，结构基本完整。	中心较明确
总分： 评价语：				

教师总结：动物是人类亲密的朋友，人类是动物信赖的伙伴。

五、布置作业

1.将课堂上的想象作文修改完善。

2.猫是与人类关系亲密的一种动物，人们常通过写猫，表达丰富的人生体验。课外阅读靳以的《猫》和王鲁彦的《父亲的玳瑁》，与课文比较，体会这些文章中作者表达的思想感情。

六、板书设计

猫带给"我"的思考

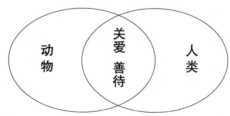

动物　关爱善待　人类

【教学反思】

一、群文阅读教学

《义务教育语文课程标准（2022年版）》在第四学段目标中指出，课外阅读总量不少于260万字。群文阅读可以有效地增加学生的阅读量，扩大学生的阅读面，为学生阅读素养的发展提供必要的准备。群文阅读的"议题"选择极为重要。本人在群文阅读中设计了交流、概括三篇文章对猫的描写，探究三篇写猫文章的相同点和不同点，思考作者通过写猫表达的人生思考这三个主要的"议题"，"议题"的选择最大程度地统帅了群文，也最大程度对接了讲读课的教学目标。本人在教学中，一篇讲读，两篇自读，采用讲读教、自读用的方法。

面对复杂的文本信息，学生阅读过程中很难记住所有内容，我采用圈点勾画和批注法帮助学生提高阅读效率。在群文阅读教学之初，为了让学生亲近文本，本人根据文本的特点，引导学生判断关键词句，教会学生使用不同的符号在文本中圈点勾画，并为学生提供批注示范，让学生处于一个有秩序的"读"的情景之中。

在阅读教学中，学生自主阅读文章并填写表格，合作探究三篇文章的异同，学生在积极的思维和情感活动中，加深了对文章的理解。本堂课注意整合听说读写，引导学生综合运用默读、朗读、复述、评述等方法学习三篇文章，感受作品语言、形象、情感等方面的独特魅力，理解作者在文中阐发的人生哲理及对生命和为人处世的深沉思考。鼓励学生在写作中借鉴三篇文章的写作手法，发挥自己的想象力和创造性，表达自己对自然的观察和思考，引导学生成为积极的分享者和有创意的表达者。课堂上，教师是学生学习活动的引导者和组织者，学生是学习的主体，在教师的引导下，学生带着兴趣与求知的欲望主动地去学习课文，群文阅读的方式促进了教与学方式的变革。

二、支架式教学

（一）根据教学目标，搭建支架

支架式教学首先要对教学目标进行准确判断。有机统一的多篇文本是群文阅读教学的根基，开展群文阅读教学，教师需要深入钻研每篇文本，总结文本之间所隐含的共性与差异，做到先从宏观把握文本，这样才能准确定位学习目标，搭建支架也要以实现教学目标为根本。本单元要求学习默读的技巧，养成圈点勾画的习惯。群文阅读要揣摩三篇文章对猫的描写，学习作者高超的描写手法，在整体感知文章的基础上，体会作者的思想感情，养成关爱动物、善待生命的情感。

为实现教学目标，本人在教学设计中主要使用了表格支架，讲读郑振铎的《猫》时，采用了在文章上圈点勾画、摘录的方式将三只猫的来历、外形、性情、地位、结局进行对比，完成表格。在群文阅读中，设计了阅读季羡林的《老猫》、夏丏尊的《猫》的环节，用在文章上圈点勾画、摘录的方式完成表格。表格不仅能直观地展示学习内容，还能对多篇文本进行清晰地对比，有利于学生进行群文阅读。

（二）根据学习者特征，搭建支架

不同的学生，其最近发展区是不同的，教师要注意这种差异，在课堂教学中考虑班级学生的起点情况，根据教学目标的终点要求，分析预测学生学习的困难，从而准确预计学生的最近发展区，为学生提供合适的学习支架。本人在判断学习者原有知识和技能、学习风格、能力水平、情感因素的基础上设置情境，安排学习任务，准备支架。七年级学生具备了一定的阅读素养和欣赏能力，所以本教学设计中使用了范例支架。在学习新知识之前，为学生提供一个范例，其实质就是提供某种意义的参考和借鉴，让学生受到启发，顺利地完成学习任务。在第二课时"研一研""写一写"环节，以郑振铎《猫》一课习得的知识来解决新的问题，学生通过范例支架，使阅读理解能力和写作能力得到进一步提升。

三、课程资源的开发

教师要充分发挥自身优势与潜力，积极利用和开发课程资源，利用课程资源创设学习情境，优化教与学活动，提高教学效益。教材的容量有限，本人在教学中，精心挑选了课外阅读材料季羡林的《老猫》和夏丏尊的《猫》，三篇文章体现了连贯性和相似性。通过一组写猫的散文，丰富课堂教学内容，拓宽学生阅读视野，让学生领略不同作家的风格。

（设计者：西宁市第一中学　张晓慧）

平凡与可贵

《老王》《独腿人生》《一个车夫》群文阅读

【教材分析】

《老王》是七年级下册第三单元第二篇课文，是杨绛的散文代表作。这个单元以"凡人小事"为主题，所选的课文都是写"小人物""小事件"，诉说对普通人尤其是对弱者的关爱。杨绛用平实朴素的语言给我们介绍了老王的身世，她与老王交往的几个生活片断以及老王死后她的愧怍心理，集中刻画了老王的人物形象。他的穷苦卑微、凄凉艰难、老实厚道、知恩图报充溢在字里行间，体现了作者对老王这些不幸者的深切同情和关爱。作者以一颗知识分子"愧怍"的心呼唤善良人性的回归，含蓄地提出了关心社会弱势群体的问题，反映了人间的"大爱"。结合"凡人小事"这一主题，本人选择了同一类型的两篇文章：罗伟章的微型小说《独腿人生》，通过对人物语言、外貌、动作的细节描绘，刻画人物高尚的内心与坚强的品格；巴金先生的《一个车夫》，讲述了年仅15岁的少年拉车维持生计的故事，揭示了不管面对什么挫折，都要做一个坚强的人的主题。这三篇文章放在一起进行群文阅读教学，目的是培养学生的人生观、道德观，引导学生关注身边弱者的命运。

【学情分析】

《义务教育语文课程标准（2022年版）》发展型学习任务群在关于实用性阅读与交流中明确：引导学生在语文实践活动中，通过倾听、阅读、观察、获取、整合有价值的信息，根据具体交际情境和交流对象，清楚得体表达，有效传递信息，满足家庭生活、学校生活、社会生活交流沟通需要。第四学段（7—9年级）目标中也提出了要阅读叙事性和说明性文本，发现、欣赏、表达和交流家庭生活、学校生活、社会生活和大自然的美好，热爱生活，感恩生活。

七年级学生的特点是思维活跃，善于模仿，外界的任何新鲜事物都让他们感兴趣，他们大多是在父母亲人的呵护中长大。因此，许多同学只知一味地接受"爱"，而不懂得如何感谢"爱"，更别说去回报"爱"了。像老王这类生活在社会底层的弱者，一些学生不了解，更别说去关心了。语文教学不仅要让学生学到语文知识，更重要的是让学生体会作者的情感，从而树立正确的价值观和人生观。

【教学目标】

1.阅读《老王》《独腿人生》《一个车夫》，了解作者的创作意图。

2.学习三篇文章细致刻画人物的方法，把握人物特征。

3.体味作者平实朴素的文字背后的善良、博爱以及平等观念和人道主义精神，关爱生活中的不幸者。

【教学重点】

学习三篇文章，领会作者的思想感情，培养学生的同情心和爱心。

【教学难点】

学习人物外貌、语言、动作等描写方法，把握人物的特征。

【教学课时】两课时

第一课时

【课时目标】

1.把握人物形象，分析人物性格特征。

2.从朴素的语言中体会深沉的情感，领悟深刻的思想。

【教学过程】

一、创设情境，进入新课

"有人可以在家，是因为有人在路上""哪有什么岁月静好，不过是一直有人在替你负重前行"，这些近几年在网络上流传的话，便是指那些为人民群众和社会稳定，一直默默奋斗的平民英雄。

他们都是平凡人，却有着可贵的品质。板书关键词"平凡"与"可贵"。

二、预习检测

1.给下列加横线的字注音。

愧怍（kuì zuò）　　滞笨（zhì）　　取缔（dì）　　翳（yì）

<u>骷髅</u>（kū lóu）　　　<u>攥着</u>（zuàn）　　　<u>塌败</u>（tā）　　　<u>伛</u>（yǔ）

2．杨绛先生的故事。

三、自主学习，知不幸

（一）寻着杨绛的笔触去感受老王本色，品味老王的"平凡"与"可贵"

1.通读全文，用一个字概括老王的命运。

明确：老王的一生——苦。

2.老王的日子过得很苦，表现在哪？请概括回答。

明确：

（1）职业：靠一辆破旧的三轮车活命；"文革"期间载客的三轮车被取缔，他的生计就更加窘迫，只能凑合着打发日子。（谋生困难）

（2）生活：打了一辈子光棍。（孤苦伶仃）

（3）身体：眼睛不好，瞎了一只眼。（身体缺陷）

（4）居住条件：住在荒僻的小胡同，塌败的小屋。（破落塌败）

3.老王生活艰难，但这并没有影响老王与作者之间的交往，请快速浏览课文，找出老王为作者一家做的事情。

明确：

（1）愿意给我们家带送冰块，车费减半。

（2）送钱先生看病，不要钱，拿了钱还不大放心，担心人家看病钱不够。

（3）受了人家的好处，绝不忘记，总觉得欠了人情，去世前一天还硬撑着身体，拿着香油、鸡蛋上门感谢。

4.由此我们能看出老王是什么样的人？

明确：老实厚道；心地善良；淳朴仁义；知恩必报。

5.课文中写了老王很多事，但有详有略，其中最令你感动的是哪件事？

明确：老王送鸡蛋、香油。

（二）品读形象

重点研读老王临死前一天来我家送香油和鸡蛋的这部分内容（8—16段），请同学们阅读这一部分，合作探讨哪些片段最让你感动，感动的原因是什么？

1.开门看见老王直僵僵地镶嵌在门框里——他面如死灰，两只眼上布满着一层翳，分不清哪一只瞎，哪一只不瞎，说得可笑些，他简直像棺材里倒出来，就像我想象里的僵尸，骷髅上绷着一层枯黄的干皮，打上一棍就会散成一堆白骨。

2.那直僵僵的身体好像不能坐，稍一弯曲就会散成一堆骨头。

明确：两处肖像描写都突出了老王身体极度的枯瘦和虚弱，让人想象他扶病到我家来的艰难，从而突出了他的善良。

3.他"嗯"了一声，直着脚往里走，对我伸出两手。他一手提着个瓶子，一手提着一包东西。

4.他一手拿着布，一手攥着钱，滞笨地转过身子——看他直着脚一级一级下楼去。

明确：这些动作描写，都突出了老王行动的艰难，在身体如此虚弱的情况下给"我"家带来香油和鸡蛋，可见其真情，真是催人泪下。

5.我不吃。

6.我不是要钱。

明确：简单的语言刻画了一个真诚而不善于表达情感的淳朴的农民形象。老王是底层人物的典型代表，不仅临死前惦记着我们一家人，还拥有善良、纯真的品格。

四、体验情感，起敬意

（一）老王是不幸的人，又是善良的人。那么，面对老王的遭遇，作者一家是如何表现的呢？

1.照顾老王的生意。坐他车，付给他应得的报酬。（照顾生意）

2.老王送来香油鸡蛋。不能让他白送，还给了钱。（坚持付钱）

3.关心老王的生计。三轮车改装后，生意不好做，关切询问他是否能维持生活。（询问生计）

4."我"的女儿送老王大瓶鱼肝油，治好他的夜盲症。（送鱼肝油）

（二）一个普通得不能再普通的老王，作者去关怀，去牵挂，去写文章纪念。这体现了作者什么样的精神品质？

明确：作者也是善良的人，这是一种以善良体察善良的情感。

（三）可是，当善良的老王去世时，作者有什么感受？

明确：一个幸运的人对一个不幸者的愧怍。

五、探究主旨，说愧怍

（一）杨绛一家也经历了痛苦的磨难，而她面对老王的时候却说自己是一个幸运的人，这里面体现出了作者的博大胸襟：忘却自己的苦难，牵挂别人的不幸。为什么作者在最后还要说这是一个幸运的人对一个不幸者的愧怍？

明确：照顾太少；拿钱侮辱了老王，未能给老王真正的平等和尊重；没有接受老王真诚的感激，让老王临死前一个小小的心愿也实现不了；在老王生病时关照太少，死了也不知道。

（二）本文通过回忆老王的窘迫生活及与老王交往的片段，展现了特殊时代背景下，老王与作者一家珍贵的友情，凸显了孤苦寒微的老王纯朴、仁义、善良的品性，表达了作者对人性美的讴歌，对不幸者的悲悯，对自身的反省以及对命运的慨叹。

六、课后作业，巩固学习

学完本课之后你一定有很多的感触，把你想对谁说的话写在下面吧。

（　　　　　　），我想对你说，（　　　　　　　）。

七、总结课程，评价效果

学习内容	学习结果	星级评价
积累的词语		
人物刻画方法		
人物性格特征		
课文主旨		

第二课时

【课时目标】

1. 概括文章《独腿人生》《一个车夫》的故事大意。

2. 学习刻画人物形象的方法，把握人物性格特点。

3. 以人物为中心，通过对其个性与命运的关注，了解普通人在特定时代所表现出的人格追求。

【教学过程】

一、创设情境，导入新课

在我们的人生旅途中，总有那么一些人让我们难以忘怀。他们普普通通，没做什么轰轰烈烈的大事，却在一些不经意的细节中让我们感到温暖。比如，杨绛记忆中那个拉车的老王，还有那些同样以拉车作为生计的"车夫们"……

二、运用方法，自主阅读

学生先独立阅读《独腿人生》，合作探究下列问题后，小组展示学习成果。

（一）用简洁的语言概括文章的故事大意

参考下表进行梳理：

面对车夫，"我"的思想感情在不断发生变化，请填写下表。

情节	思想感情
①	怀疑（误会）
发现车夫只有一条腿	③
②	钦佩（敬重）
找回两元，并考虑周到，没有送我进别墅大门	④

（二）勾画文章中描写车夫的句子并体会其作用，结合文章内容采用批注的方式分析车夫形象

（三）合作交流，概括文章故事大意

情节	思想感情
①车夫开口收费五元	怀疑（误会）
发现车夫只有一条腿	③自责（同情）
②车夫说自己载两个韩国人看风景	钦佩（敬重）
找回两元，并考虑周到，没有送我进别墅大门	④感动（震撼）

本文讲述了一个独腿车夫送"我"的故事，表达了"我"对车夫独腿支撑人生的敬佩与感动。

（四）小组合作，完成人物描写思维导图的创建：将勾画的描写车夫的句子及其作用写到思维导图上。

独腿人生

思维导图内容示例：

1.外貌描写

例1：他穿着这座城市经营人力三轮车的人统一的黄马甲，剪得齐齐整整的头发已经花白了，至少有五十岁以上的年纪。

作用：表现了车夫岁数大却干净整洁的特点。

例2：他失去的是右腿。一截黄黄的裤管，挽一个疙瘩，悬在空中，随车轮向前"冲"和频率前后晃荡着。

作用：突出了车夫"独腿"的与众不同；车夫骑车的艰难。

2.动作描写

例1：车夫黝黑的后颈上高高绷起一股筋来，头使劲地向前耸。

作用："绷""耸"等动词准确刻画车夫蹬车时的费劲与艰难。

例2：他的左腿用力地蹬着踏板，为了让车走得快一些，臀部时时脱离座垫，身子向左倾斜，以便把所有的力量都用在左腿上。

作用："蹬""倾"蹬动词准确写出车夫的艰难、辛苦。

3.语言描写

例1：他坚决不收，"讲好的价，怎么能变的呢？你这叫我以后咋个在世上混啊？"

作用：表现了车夫担忧"我"误解，表达了车夫的诚恳、诚信。

例2:他急忙制止："没关系，没关系，这点坡都骑不上去，我咋个挣生活啊？"

作用：表现出独腿车夫诚信待人、自尊自强品格的可贵。

4.其他描写方法

神态描写：

例1：我正要离开时，他不好意思说："我本来应该把你送拢的，可是一幢高级别墅，往别墅去的人至少应该坐出租啊……我怕被你朋友看见……"

作用：表现了车夫的善良、体贴。

例2：他自豪地说："这算啥呀！今年初，我一口气蹬过八十多里，而且还带的是两个人。"

作用：表现了车夫的自信乐观。

5.结合文章内容简要分析车夫是一个什么样的人。

明确：车夫拥有积极、乐观的心态，顽强、坚韧的意志，诚恳、诚信、善良的品质，自尊、自立的精神。

（五）主旨探究，小组小结

小组研讨做出总结：作者为什么要写这样一个平凡人？

明确:因为在他的身上有着可贵的品质。一个人诚恳做人，坦诚待人，自强不息，就会坚强，就会拥有自尊，就会获得支撑人生的力量。

引出关键词：平凡、可贵

三、小组合作，学以致用

学生先独立阅读《一个车夫》，合作探究下列问题后，小组展示学习成果。

（一）自主阅读，初知文意

这是一篇叙事性的散文。在结构上，采用"双线"组织材料：以小车夫的家庭遭遇为明线，贯穿文章的始终；我的感情则作为暗线，随着他的自述身世悄然而变。明线记事，暗线抒情，双线交织，夹叙夹议。

（二）研读文章，分析人物

1.请用简洁的语言概括小车夫的经历。

父亲为吸毒而赶走母亲，并卖掉妹妹，遗弃了小车夫，小车夫年纪小小就自谋生路。

2.勾画文章中描写小车夫的句子并体会其作用。

例1："我不给！我碰着他就要搡死他！"小孩毫不迟疑地答道,语气非常强硬。

教师引导：如此斩钉截铁的回答,如此毫不掩饰的愤恨,在旁人眼中似乎不合情理,但对小车夫来说却是人性的真实流露。若非内心千疮百孔,怎会表现地如此绝情？

例2：我们买了票走进公园,我还回过头去看小孩,他正拉着一个新的乘客昂起头跑开了。

教师引导：结尾暗示了什么？小车夫已开启新的人生,也包含着作者对他的深深祝福。

（三）品读精彩,归纳主旨

精彩语段：生活毕竟是一个洪炉。它能够锻炼出这样倔强的孩子来。甚至人世间最惨痛的遭遇也打不倒他。

教师引导：他的顽强反抗精神也深深感染了作者,强烈的感情似滚滚波涛郁积心头,令作者不吐不快。大段的议论抒情句子,一发不可收,热情洋溢地表达对小车夫的肯定与赞叹。

（四）合作探究,补充信息

《一个车夫》情节、人物、主旨归纳			
请用简洁的语言概括小车夫的经历（梳理情节）	小车夫是什么样的人（性格特点）	运用的描写方法	文章主旨

四、课堂小结，回顾内容

学习的这三篇文章有着共同之处，那就是都是由有着可贵品质的平凡人来书写自己的人生，给了我们极大的心灵震撼。同学们，跟这些不幸的人相比，我们是多么的幸福！作为幸运者的我们就应该把爱之光分一些给身边的人。请记住不要放弃每一次帮助别人的机会，我们常常无法做伟大的事，但我们可以用伟大的爱去做些小事，让平凡的日常生活绽放光彩。

五、课后作业，巩固学习

倒数第二段作者写到："这个世界里存在着的一切,在他的眼里都是不存在的。"

请联系现实，谈谈你对这句话内涵的理解。

六、总结课程，评价效果

学习情况记录	评价内容	自评	小组评	教师评	综合评价	学习总结
	学习计划安排					
	学习内容学习					
	学习态度					
	学习笔记					
	学习互助精神					
	学习讨论质量					
备注	评价以星级作为标准，五星为最高评价，一星为最低评价，根据个人学习效果，进行评价。					

七、板书设计

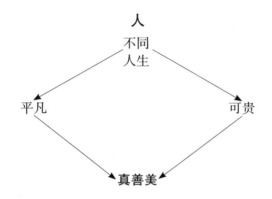

【教学反思】

一、群文阅读教学

一堂课读三篇文章，意味着教师不可能面面俱到地讲解分析文章，因此在课程的设计中要有所选择，有所删减。这就需要教师合理运用重点阅读、比较阅读、勾连阅读等阅读策略，培养学生掌握跳读、浏览、略读等阅读方法。在这节课的教学中，我使用了课前细读、课上重点精读、其余浏览阅读的方式，让学生在阅读文章时运用勾画、批注的方法突破学习重难点，最后让学生在填写、分析学习评价中完成学习目标。

二、支架式教学

本课在教学过程中搭建了情境支架。情境支架搭建指的是创设与当前学习主题相关的、尽可能真实的情境。《老王》的群文阅读就将学习与关心社会弱势群体的社会背景相联系，教师创设情境，在"平凡可贵的人物故事"里，创造学习情境后，激发学生参与学习的积极性，在过程中去完成对问题的理解、知识的应用。只有教师重视情境支架的提供，学生的思维才会被激活，对新知的探索才会主动，才会对学习中遇到的问题进行探索和独立思考，从而产生新颖、独到的见解，学生的创新意识、实践能力才会得到培养和提高，创新学习过程才会得以优化。教师要依教材内容、难易程度、学生接受水平以及教材前后的关联，灵活提供情境支架；要把握时机适时提供情境，提供情境支架应有利于教师"搭桥"，学生"过桥"，符合学生认知结构梯度。

《老王》教学设计的情境支架根据学生在预习中所提出的问题，结合文章的最后一句话"那是一个幸运的人对一个不幸者的愧怍"，引起学生对老王和杨绛之间不对等的人际关系的探究，引导学生进行思辨性的高阶阅读。通过"知不幸——起敬意——说愧怍"这三个环节，在"老王对杨绛的情义"和"杨绛对老王的情义"的比对中，凸显出老王对杨绛"心的付出"和杨绛对老王"钱的救济"，使两者对彼此的情义一目了然。

（设计者：青海昆仑中学　韩忠萍）

【链接材料一】

独腿人生

罗伟章

应朋友之约，去他家议事，这是我第一次上他家去。朋友住在城南一幢别墅里。别墅是为有私车的人准备的，因此与世俗的闹市区保持一段间隔。我没有私车，只得坐公车去，下车之后，要到朋友的别墅，假设步行，紧走慢赶，至少也要四十分钟。眼看约定的时间就快到了，我顺手招了一辆人力三轮车。

朋友体谅我的窘迫，事先在电话中告知：假设坐三轮，只需三元。为保险起见，我上车前还问了价。"五元。"车夫说。我当然不会坐，可四周就只有这辆三轮车。车夫见我犹豫，开导我说："总比坐出租合算吧，出租车起价就是六元呢。"这个账我当然会算。可五元再加一元，就是三元的两倍，这个账我同样会算。我举目张望，希望再有一辆三轮车来。车夫说："上来吧，就收你三元。"这样，我高兴地坐了上去。

车夫一面蹬车，一面以柔和的语气对我说："我要五块其实没多收你的。"我说："人家已经告诉我只要三元呢。"他说："那是因为你下公车下错了地方，如果在前一个站就只收三元。"随后，他立即补充道："就只收三元，已经说好的价，就不会变。我是说，你以后来这里，就在前一站下车。"他说得这般诚恳，话语里透着关切，使我情不自禁地看了看他。他穿着这座城市经营人力三轮车的人统一的黄马甲，剪得齐齐整整的头发已经花白了，至少有五十岁以上的年纪。

车行一小段路程，我总觉得有点不大对劲，上好的马路，车身却微微颠簸，不像坐其他人的三轮车那么平稳，而且，车轮不是向前滑行，而是向前一冲，片刻的停顿之后，再向前一冲。我正觉奇怪，突然发现蹬车的人只有一条腿。

他失去的是右腿。一截黄黄的裤管，挽一个疙瘩，悬在空中，随车轮向前"冲"的频率前后晃荡着。他的左腿用力地蹬着踏板，为了让车走得快一些，臀部时时脱离坐垫，身子向左倾斜，以便把所有的力量都用在左腿上。

我猛然间觉得很不是滋味，眼光直直地瞪着他的断腿，瞪着悬在空中前后摇摆的那截黄黄的裤管。我觉得我很不人道，甚至卑劣。我刚三十出头，有一百三十多斤的体重，体魄强壮，而他比我大二十多岁，身体精瘦，且只有一条腿，从他左腿并不肥大的裤管随风飘动的情形，我猜测他唯一的好腿一定瘦得可怜。然而，我却大模大样地坐在车上，让他用独腿带我前行。我的喉咙有些发干，心胸里被一种奇怪的惆怅甚至悲凉的情绪纠缠着，笼罩着。我想对他说："不要再蹬了，我走路去。"我当然会一分不少地给他钱，可我又生怕被他误解，同时，我也怕自己的做法显得矫情，玷污了一种圣洁的东西。

前面是一段缓坡，我说："这里不好骑，我下车，我们把车推过去。"他急忙制止："没关系，没关系，这点坡都骑不上去，我咋个挣生活啊？"言毕，快乐地笑了两声，身子便弓了起来，加快了蹬踏的频率。车子遇到坡度，便顽固地不肯向前行，甚至有后退的趋势。他的独腿顽强地与后退的力量抗争着，车轮发出"吱吱"的尖叫，车身摇摇晃晃，极不情愿地向前扭动。我甚至觉得这车也是鄙夷我的！

它是在痛恨我不怜惜它的主人，才这般固执的吗？车夫黝黑的后颈高高绷起一股筋来，头使劲地向前蹿，我想他的脸一定是紫红的，他单薄的衣服包裹起来的肋骨，一定根根可数。他是在跟自己较劲，与命运抗争！

坡总算爬上去了，车夫重浊地喘着气。不知怎么，我心里的惆怅和悲凉竟然了无影踪。我在为他快乐，并暗暗受着鼓舞。在我面前的无疑是一个强者，他把路扔在了后面，把坡扔在了后面，为自己"挣"来了坦荡而快乐的生活。

待他喘息稍定，我说："你真不容易呀！"他自豪地说："这算啥呀！今年初，我一口气蹬过八十多里，而且还带的是两个人。"

我问他怎么走那么远？他说："两个韩国人来成都，想坐人力车沿二环路走一趟，看看成都的风景。别人的车他们不坐，偏坐我的车。他们一定以为我会半路出丑的，没想到，嘿，我这条独腿为咱们成都人争了气，为中国人争了气！"

我不知该说什么好，既心酸，又豪迈，是那种近乎悲壮的情感。

车夫又说："下了车，那两个韩国人流了眼泪，说的什么话我不懂，但我想，他们一定不会说我是孬种。"

不由自主地，我又看着他的那条断腿。我很想打听一下他的那条腿是怎么失去的，可终于没有问。事实上，这已经无关紧要了。他已经断了一条腿，而那条独腿支撑起了他的人生和尊严，这就足够。我想，如果那条断腿也有在天之灵，它一定会为它的左腿兄弟感到骄傲，一定会为它的主人感到自豪。

离别墅大门百十米远的间隔，车夫突然刹了车。"你下来吧。"他说。

我下了车，给他五元钱。

他坚决不收，"讲好的价，怎么能变的呢？你这叫我以后咋个在世上混啊？"

我没勉强，收回了他找我两元钱。

我正要离开时，他不好意思说："我本来应该把你送进门的的，可是一幢高级别墅，往别墅去的人至少应该坐出租啊……我怕被你朋友看见……"

我的眼泪流了下来。我天生是不太流泪的人。

朋友果然在大门边等我，他望着远去的车夫说："你为什么不让他送到？那些可恶的家伙总是骗一个是一个！你太老实了。"

议完事，朋友留我吃饭，我坚决回绝了。

我徒步走过了那段没有公交车的路程。我从来没有与自己的两条腿这般亲近过，从来没有觉得自己的两条腿这般有力过。

【链接材料二】

一个车夫

巴金

这些时候我住在朋友方的家里。

有一天我们吃过晚饭，雨已经住了，天空渐渐地开朗起来。傍晚的空气很凉爽。方提议到公园去。

"洋车！洋车！公园后门！"我们站在街口高声叫道。

一群车夫拖着车子跑过来，把我们包围着。

我们匆匆跳上两部洋车，让车夫拉起走了。

我在车上坐定了，用安闲的眼光看车夫。我不觉吃了一惊。在我的眼前晃动着一个瘦小的背影。我的眼睛没有错。拉车的是一个小孩，我估计他的年纪还不到十四。

"小孩儿，你今年多少岁？"我问道。

"十五岁！"他很勇敢、很骄傲地回答，仿佛十五岁就达到成人的年龄了。他拉起车子向前飞跑。他全身都是劲。

"你拉车多久了？"我继续问他。

"半年多了，"小孩依旧骄傲地回答。

"你一天拉得到多少钱？"

"还了车租剩得下二十吊钱！"

我知道二十吊钱就是四角钱。

"二十吊钱，一个小孩儿，真不易！"拉着方的车子的中年车夫在旁边发出赞叹了。

"二十吊钱，你一家人够用？你家里有些什么人？"方听见小孩的答话，也感到兴趣了，便这样地问了一句。

这一次小孩却不作声了，仿佛没有听见方的话似的。他为什么不回答呢？我想大概有别的缘故，也许他不愿意别人提这些事情，也许他没有父亲，也许连母亲也没有。

"你父亲有吗？"方并不介意，继续发问道。

"没有！"他很快地答道。

"母亲呢？"

"没有！"他短短地回答，声音似乎很坚决，然而跟先前的显然不同了。声音里漏出了一点痛苦来。我想他说的不一定是真话。

"我有个妹子，"他好像实在忍不住了，不等我们问他，就自己说出来；"他把我妹子卖掉了。"

我一听这话马上就明白这个"他"字指的是什么人。我知道这个小孩的身世一定很悲惨。我说："那么你父亲还在——"

小孩不管我的话，只顾自己说下去："他抽白面，把我娘赶走了，妹子卖掉了，他一个人跑了。"

这四句短短的话说出了一个家庭的惨剧。在一个人幼年所能碰到的不幸的遭遇中，这也是够厉害的了。

"有这么狠的父亲！"中年车夫慨叹地说了。"你现在住在哪儿？"他一面拉车，一面和小孩谈起话来。他时时安慰小孩说："你慢慢儿拉，省点儿力气，先生们不怪你。"

"我就住在车厂里面。一天花个一百子儿。剩下的存起来……做衣服。"

"一百子儿"是两角钱，他每天还可以存两角。

"这小孩儿真不易，还知道存钱做衣服。"中年车夫带着赞叹的调子对我们说。以后他又问小孩："你父亲来看过你吗？"

"没有，他不敢来！"小孩坚决地回答。虽是短短的几个字，里面含的怨气却很重。

我们找不出话来了。对于这样的问题我还没有仔细思索过。在我知道了他的惨病的遭遇以后，我究竟应该拿什么话劝他呢？

中年车夫却跟我们不同。他不假思索，就对小孩发表他的道德的见解：

"小孩儿，听我说。你现在很好了。他究竟是你的天伦。他来看你，你也该拿点钱给他用。"

"我不给！我碰着他就要揍死他！"小孩毫不迟疑地答道，语气非常强硬。我想不到一个小孩的仇恨会是这样地深！他那声音，他那态度……他的愤怒仿佛传染到我的心上来了。我开始恨起他的父亲来。

中年车夫碰了一个钉子，也就不再开口了。两部车子在北长街的马路上滚着。

我看不见那个小孩的脸，不知道他脸上的表情，但是从他刚才的话里，我知道对于他另外有一个世界存在。没有家，没有爱，没有温暖，只有一根生活的鞭子在赶他。然而他能够倔强！他能够恨！他能够用自己的两只手举起生活的担子，不害怕，不悲哀。他能够做别的生在富裕的环境里的小孩所不能够做的事情，而且有着他们所不敢有的思想。

生活毕竟是一个洪炉。它能够锻炼出这样倔强的孩子来。甚至人世间最惨痛的遭遇也打不倒他。

就在这个时候，车子到了公园的后门。我们下了车，付了车钱。我借着灯光看小孩的脸。出乎我意料之外，它完全是一张平凡的脸，圆圆的，没有一点特征。但是当我的眼光无意地触到他的眼光时，我就大大地吃惊了。这个世界里存在着的一切，在他的眼里都是不存在的。在那一对眼睛里，我找不到承认任何权威的表示。我从没有见过这么骄傲、这么倔强、这么坚定的眼光。

我们买了票走进公园，我还回过头去看小孩，他正拉着一个新的乘客昂起头跑开了。

1934 年 6 月在北京

父爱重如山　至情尘世间

《台阶》《父亲》《听众》群文阅读

【教材分析】

本单元主题为"凡人小事"，所选的课文都是关于"小人物"的故事，虽然这些人物平凡且有"弱点"，但是他们身上常常闪现着优秀品格的光辉，引导人们向善、务实、求美，告诉人们普通人也一样可以活得精彩，抵达所追求的人生境界。

《台阶》是七年级《语文》下册第三单元中的第三篇课文，是一篇自读课文，是当代作家李森祥的一篇小说。小说以"台阶"为线索，用第一人称叙述了一

位"父亲"经过几十年的奋斗，终于将自己的三级台阶的房屋建成了九级台阶的新屋的故事，塑造了一位要强、勤劳又很谦卑的农村父亲形象，真实地再现了中国传统农民复杂的内心世界和坚韧顽强的性格。父亲辛勤一生，只为提高"地位"，获得尊重。

《父亲》是高原写的一篇感动了众多网友的小说。文中的父亲淳朴、吃苦耐劳，极普通却又不平凡，甘愿自己背负生活的重担，望子成龙，含辛茹苦地供"我"读书。这样一个父亲的形象与《台阶》中的人物形象有相同之处，便于学生理解，而且文中的细节描写、人物刻画的手法也有相似之处。

《听众》是一首未经发表的小诗，作者韩文明是西宁市湟中区大才乡前沟学校的一名年轻教师。我们曾在一次交谈中聊起他的身世，得知他的父母也是我们身边最普通的贫苦农民，父亲为了家，为了他操劳一生，常年在外奔波。但是每次

在家庭聚会或亲戚的宴席上，父亲都会因为家境不富裕，而被人忽视甚至受人冷眼。这些场景都给成长中的他留下了不可磨灭的印象。直到作为儿子的他考上大学、当了老师、成家立业，父亲在亲戚朋友们面前才慢慢获得了尊重。韩老师同情父亲、理解父亲、感恩父亲，同时，他还是一个喜欢写诗的文学青年，因此，我邀请他为父亲写一首诗，既可以表达对父亲的深情，也可以作为学生们学习的教材，身边的故事更能调动孩子们的情感，帮助他们重新审视自己的父母，重新理解家长的不容易。

阅读这些"平凡父亲"的故事，其实也是引导学生审视人性、理解家庭及社会、净化心灵，感受那种平淡而绵长的温暖、隐忍却直白的父爱，有助于深化学生对"凡人小事"这一主题的理解，启发他们更理性、积极地看待身边的普通人，注意捕捉身边人、身边事的闪光点。

【学情分析】

学生的发展有两种水平，一种是学生的现有水平，另一种是学生可能的发展水平，两者之间的差距就是最近发展区。

1.学生知识基础和生活经验分析

从七年级学生已有的语文阅读能力角度（实际发展水平）来说，他们具备通读全文、找出记叙文要素的能力，能够勾画出交代时间的推移、地点的转换、人物身份关系特征的语句，也能够区分记叙、抒情、议论、描写等表达方式，这些使学生能够完成学习任务。

本文立意朴实，情节朴素感人，容易调动学生的学习积极性，但本文创作的社会背景及父亲形象复杂，七年级学生学习起来有一定的难度。

2.学生阅读能力分析

初中阶段，语文学习正式开启了小说阅读的篇章，要求学生通过小说阅读，辨析人物描写的方法及作用，准确概括人物形象，提炼小说的主旨，体察小说创作所反映的社会生活。要在反复朗读课文的基础上，梳理小说情节，把握主要内容以及小说三要素；品味小说的语言，解析句子的深层含义，明白作者的写作意图；理解小说的主题。就《台阶》一文的学习而言，学生对故事内容的把握没有问题，"父亲"形象的分析可以通过学生的讨论完成，但是需要给学生充分阅读、揣摩的时间。

【教学目标】

1. 自主学习，识记理解本课的生字词。

2. 整体感知课文内容，了解故事情节，体会作者的感情。

3. 分析人物形象，学会人物刻画的方法。

4. 体会"台阶"深层含义，把握小说主题，理解"父亲"这个中国农民的典型形象，学习父辈艰苦创业的精神和坚忍不拔的毅力。

【教学重点】

1. 结合小说的文体特征，抓住细节，赏析人物形象。

2. 归纳阅读方法，在群文阅读中，分析三位作者的思想感情，理解作品的主旨。

【教学难点】

自主勾画、批注细节描写，分析人物形象。

学以致用，自主阅读两篇课外阅读材料，完成人物形象、写作手法、主旨的归纳。

【学法指导】

熟读精思，从文章的标题、详略、角度选择等方面把握文章的重点，提高整体把握文章结构层次的能力。

注意从文章的开头、结尾、文中的反复及特别之处发现关键语句，梳理文章的结构，理解作者的情感。

关注细节描写以及前后内容的内在联系，揣摩人物心理，把握人物形象特点，体会平凡人物身上闪光的品格。

【教学课时】 两课时

【课前导学】

> 自学目标：
> 1. 掌握文中生难字的字音、字形。
> 2. 熟记重点词语的含义，明确其在文中的位置及意义。
> 3. 了解作者相关常识。
> 4. 通读全文后思考父亲是一个怎样的人，了解其精神品质。

教师提前下发导学案，学生按照导学案提示内容完成自主阅读。

要求：学生课前规范书写导学案呈现的生难字，提醒学生在课文中标注。

1. 你能行！带拼音抄写，力求规范、美观。

啃（kěn） 蹦（bèng） 撬（qiào） 磕（kē） 揩（kāi） 嘎（gā） 黏（nián）

尴尬（gān gà）　门槛（kǎn）　糟糕（zāo）　醒悟（wù）　晌（shǎng）午

烦躁（zào）　头颅（lú）　涎水（xián）　筹划（chóu）

2. 理解文中重点词语的含义。

尴尬、自言自语、低眉顺眼、言外之意、微不足道、大庭广众

3. 学生借助导学案了解作者资料、也可自行查找补充。

4. 学生借助导学案了解"小说"文体概念及要素。

5. 请用精练的语言概括这篇小说的主要内容。

本文围绕 A＿＿＿＿＿＿＿＿＿写了 B＿＿＿＿＿＿＿＿＿＿的父亲，在经过 C＿＿＿＿＿＿＿＿＿，终于 D＿＿＿＿＿＿＿＿＿＿＿后，却感到 E＿＿＿＿＿＿＿＿＿的故事。

6. 圈点勾画，做好批注。

依据导学案批注方法提示，圈点勾画、做好批注。

（1）标注段落序号，根据小说的情节结构尝试归纳段落内容，在教材留白处把文章分成四个部分。

（2）按以下批注方法在课文里圈点勾画。

①表示原因、结果的语句或者你认为重要的关键词用着重号标注；

②人物描写的句子用波浪线"＿＿＿"，并在旁边批注所表现的人物性格、形象；

③表示"时间"或"某阶段开始/完成"的句子用直线"＿＿＿"；

④环境（自然、社会）描写的句子用双横线"＿＿＿"。

7. 关注课本 37 页"阅读提示"，认真思考，回答下列问题

（1）你是怎样看待"父亲"这一人物形象的？应该如何理解这篇小说的主题？

（2）找出文中关于人物的细节描写，尝试用一两句话点评这样写有什么好处？

8. 简要填写思维导图

> 设计意图：学生通过预习阶段浏览批注的方法，理清课文内容；通过学生自学，初步从整体理清课文结构，掌握文章要素；引导学生结合小说的特点分析文章，为下一步展开深入探讨做铺垫。

第一课时

【课时目标】

从小说文体特点出发，梳理情节、欣赏人物、感悟主题。

【教学过程】

一、赏图激趣，体悟背景

请同学们欣赏几幅"浙东农村台阶"的图片。

请从图片中的台阶的材质、高低、粗糙、平整的特点等方面，举手回答你的发现。

教师从观察是否全面、表达是否准确、语言是否流畅等角度口头评价。

> 设计意图：激趣导入，以观察图片的任务，吸引学生的注意力，锻炼其从不同方面观察、归纳图片内容的能力，拉近学生与文本的距离。

二、检查预习，夯实基础

1.同桌之间轮流听写自己在预习过程中发现的"生难字""易错字"，每轮2个，总量不超过10个。

预设学生易错字词：

揩（kāi） 嘎（gā） 黏（nián） 门槛（kǎn） 尴尬（gāngà）

醒悟（wù） 晌（shǎng）午 烦躁（zào） 涎（xián）水

2.补充作家作品资料。教师提示："作者李森祥的小说以农村、军营生活为主要题材，塑造了一系列生动的普通人（尤其是农民）的质朴形象。"

三、交流展示，理清结构

1.小组交流，派代表交流课文结构。

教师提示：依据预习阶段，在文中勾画的标志按时间推移、因果关系、某阶段开始/完成的词句来进行结构的划分。

2.学生举手回答：试用精练的语言概括本文的主要内容。

教师明确：本文围绕"台阶"写了想修建有高台阶的新屋的老实厚道的父亲，在经过漫长的准备工作，终于建成有九级台阶的新屋后，却感到若有所失的故事。

四、分享思维导图，了解"父亲"形象

教师提示：下面我们交流预习完成的"思维导图"内容，深入课文的细节，了解"父亲"这一人物形象。

教师提问：小说以塑造人物形象为中心，那么作者是用怎样的方法来刻画人物形象的呢？作者想通过"父亲"这一人物形象传达出一种怎样的精神或思考？

> **方法指导：**本文采用的是第一人称的写法，我们可以从对人物的语言、动作、神态等描写来分析人物的心理，概括人物的形象。

组织学生四人一小组讨论完成思维导图，互相查漏补缺，可以求同存异，将相同结论标注出来，如有不同意见或者困惑，可以举手发问，教师参与学生的小组讨论，有针对性地解答问题。

五、合作交流，解读"父亲"

> **方法指导：**教师在学生讨论之前，提示学生关注课文这两处旁批，分析人物形象要考虑其身份、年龄、理想追求，并且将人物和他所处的社会环境紧密联系起来。

旁批示例：

1."父亲坐在绿荫里，能看见别人家高高的台阶，那里栽着几棵柳树，柳树枝老是摇来摇去，却摇不散父亲那专注的目光。"摇晃的树枝，摇不散的目光，想想父亲此时的心理。

解答示例：自己家的台阶低，总觉得在别人面前矮了一头。什么时候我也能造一栋有着高台阶的新房呢？一定会有那么一天的！我还年轻，有的是力气，再多捡点砖石，多攒点钱，一定也能建起有高台阶的房子……

2.造好的新台阶为什么会让父亲如此"不自在"？

解答示例：父亲一直都生活在社会底层，是最为普通的劳动者，他不习惯这种地位的变化，所以他感到"不自在"。

六、总结提升，理解"父亲"

1.文章结尾为什么说"怎么了呢，父亲老了？"说说你的看法。

学生自由发言，相互补充，师生一起归纳。

教师明确：要强、有志气、不甘人后、朴实敦厚、吃苦耐劳、劳动能力强、坚忍不拔、艰苦朴素、热爱生活、有愚公移山精神的父亲。

2.结合对整篇课文的理解，你认为小说通过"父亲"这一形象表达了什么主题？

学生讨论交流，教师指导，不要求答案完整，有自己的看法即可。

方法指导：理解小说的主题，可从作者背景、人物塑造、情节发展、情感色彩等方面考虑。那么我们可以考虑到的关键词有：

人物：农民——劳动——地位——尊重

父子——尊敬——赞美——理解——同情——感恩

主题：物质——精神——追求——价值

教师明确：

1.父亲这种颓唐的表现，不仅仅是因为父亲老了，文中的父亲虽圆满地实现了改善居住环境的生活愿望，但他却丧失了农民赖以生存的劳动能力。

2.父亲的失落感不仅来自自身的衰老，还来自人生失去了方向，他发现自己没有精力和勇气再次出发了。

七、写作表达，感恩"父亲"

1.观察你的父母，他们为了能生活得更好而做出了哪些努力？体会他们的希望和追求，写一篇短文赞美他们。（300字左右）

> 设计意图：本环节的内容对学生来说是有难度的，须以老师引导为主。学生在老师的引导下，从文本出发，深入探讨父亲所代表的精神及小说塑造"父亲"这一形象的目的，进而探讨本文的主题。在具体教学中，充分调动学生的参与意识，达到必要的教学效果，提高学生深入分析问题的能力。

2.教师发放小说《父亲》及诗歌《听众》文本材料，学生完成自主阅读，感知文中的父亲形象。

> 设计意图：将语文学习与生活有机结合起来，从课内延伸至课外，有助于学生巩固课堂所学。通过小练笔和课外阅读，能够培养学生的自主学习能力。

八、板书设计，印象再现

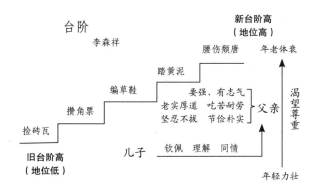

第二课时

【课时目标】

在群文阅读中体悟父亲形象，结合散文、诗歌不同文体的阅读，把握人物形象，总结写作手法；引导学生审视人性、理解家庭及社会，深化学生对"凡人小事"这一主题的理解。

【课前准备】

教师下发文本材料：

文本材料一：

父亲

作者：高原（网络文章）

父亲是个淳朴的农民，一辈子和黄土交往，与黄牛为友，土里土气，汗腥味儿满身。

然而，我爱父亲。每次一进村，老远就看见他噙着烟锅蹲在门前。我对父亲的爱和敬意是无法说出来的，只能深深地叫一声"爸"。父亲的脸略露出一丝笑意，算是回答。他挪一挪位置就又蹲上来，目光凝视着远方……

父亲把希望全凝注在我身上。每当他看见儿子背着书包，攥着课本回来，那满是皱纹的脸上便挂满了笑意。有一次，我进屋，看见父亲正拿着我的作业在细细"鉴赏"，尽管他不认识一个字。

上了中学，两个哥哥接连娶了媳妇，家里的生活就更清苦了。父亲知道我要在城里念书，进城给我买了一套衣服，一进门就叫我来试。那粗糙的手拉过我的手，给我穿好衣服，扣了纽扣，拉顺了衣服……

我的眼湿润了，知道这钱来之不易。望着父亲那憨厚的脸，嘴角抽动了半天，也没有吐出一个字。父亲似乎要笑，却又掏出烟锅"吧嗒"了几下说："穿上吧，娃。爸手头嚼，衣服不太好，到城里别让人家笑话。要好好地学习哟！"。

父亲常来学校。一看见他打满补丁的衣服，我的心底就有一种说不出来的难过。父亲望着我，似乎要说出许多话，最后仅仅说："爸又来了。"他解开纽扣，从口袋深处摸出一个粗布缝的钱包，从里面翻出几张纸币递给我。然后便叫我快回教室去。

望着父亲那远去的背影，泪水又糊湿了我的眼睛。我仿佛看见父亲吆喝着黄牛，吃力地在岗上犁地；看见父亲汗如雨下地挥舞着镰刀，在割麦子；看见父亲蹲在门前，目光悠悠地凝视着远方……

放假后，我一进门，父亲拿起我的奖状左看右看，喜滋滋地吸着烟锅。他小心地把它贴在墙正中，便蹲在前面欣赏，即使烟锅里已经没有了火，还是一个劲地吸着。

父亲已经很久不再喝茶了，回家的时候，我特意称了一包茶叶，却惹他生了那么大的气。他叹息着冲我摆手，还不住地重复着："瞎闹，这娃从城里要坏了，不知道珍惜钱！"他把烟锅捏在手里，脸上蒙上了失望和悲伤。我吓坏了，连忙解释："爸，这钱是您给我的，我没有舍得花，省了一点才……"

父亲忽然怔住了，嘴角抽动了好几下，眼睛呆滞地盯着我。好一会儿，才一把抓住我的手，那树皮一样粗糙的手不停地颤抖，一滴泪打在我的手上，哭了。

父亲老了！由于过度的劳累和负担，他的脸上长满了胡子，背也明显地弯了，每次下地回来就咳嗽个不停。自从我上了初三，父亲便不让我回家。每次他来学校，一看见那黑瘦的身体，我心里就翻起一股巨浪，拍打着我的心。

当我坐在教室里的时候，也许父亲又在黄土坡上吆喝着他的黄牛耕地了；也许他正挥舞镰刀，在金灿灿的麦海里艰难地拼搏。我，要像父亲一样攀登在书径上，来报答父亲的一片深情。

文本材料二：

听众

作者：韩文明

三姑的儿子结婚，宴席上父亲跟同桌的长辈们聊天，

那一年，他开着手扶拖拉机，开往茶卡盐湖……

老人们讨论着饭菜的咸淡。

四姑的女儿出嫁，宴席上父亲跟同桌的晚辈们聊天，

那一年，他开着东风货车，开往穆勒煤矿……

子侄们夸赞着心仪的轿车。

大伯的孙子满月，宴席上父亲给同桌的娃娃们讲故事，

那一年，他在麻多的金矿里，遇到大雪天气……

孩子们摆弄着心爱的玩具。

我听着父亲的故事长大，

都是拉盐和拉煤路上的奇遇，

他总喜欢在人多的时候讲起，

好像只有我才听得进去。

直到后来，我上了大学，当了老师……

我结婚的时候，父亲给所有人讲故事。讲儿子上学多么不容易，

讲儿子工作多么努力，

亲戚们都听得很仔细，

父亲讲得很卖力，

我没有拆穿他掺杂的不切实际，

只是跟大家说——我爸，他不容易！

【教学过程】

一、回顾旧知，交流概括

学生交流《台阶》一文的学习收获：概括文中的父亲形象，总结学到的人物描写方法、叙事方法、景物描写烘托人物形象的方法等。

> 设计意图：培养学生口头表达、概括信息的能力。课堂伊始，集中学生的注意力，提高学生从课堂所学中提炼方法要点的能力。

二、自主阅读，再识"父亲"

方法指导：教师再次提示批注符号；抛出思考问题，围绕人物形象的描写，运用《台阶》自学获得的阅读方法，完成自主阅读。

（一）组织学生自读《父亲》一文，借助第一课时习得的批注式阅读法，在文中圈点勾画做标注

（二）按照以下学习提纲完成对文章内容的梳理

1. 本文按时间顺序叙述了"父亲"对"我"的希望及关爱的几件事，请概括出其中的三件。

2. 阅读文段，联系全文理解下列词句的含义。

（1）第③段"父亲把希望全凝注在我身上"一句中的"希望"是指什么？

（2）第四段"父亲老了！"这一句子体现了"我"怎样的情感？

3. 文中主要采用了哪些的人物描写方法，刻画了一位怎样的父亲形象？

4.《台阶》《父亲》两篇文章中，有没有异曲同工之妙的句子，请找出来。说说这两位父亲有什么共同点。

（三）学生小组合作，交流阅读所得

> 设计意图：
> 1. 培养学生的合作、分享意识。
> 2. 让学生小组内、组与组之间自由提问，质疑探究，说说现在你新发现的问题。
> 设计依据："当学生对文章有了深刻的理解后，就可以提出有一定深度、较为典型的问题，而学生对于自己的问题总是有更大的兴趣，又将主动回到文章中去探究答案"。

三、赏读诗歌，读懂父亲

（一）听读入境，想象场景

1.教师指名朗读能力较好的同学示范朗读，多媒体呈现《听众》全文。

2.学生看多媒体呈现。思考：这首诗塑造了怎样的父亲形象？

（二）比较异同，总结手法

教师提示：分别从标题的作用、体裁特点、中心人物、内心渴望、生活经历、表现人物形象的方法、表现手法等方面做比较，明确小说是如何塑造人物形象的。

出示表格，学生思考，小组合作探究。

标题	体裁	人物	渴望	经历及形象	写作手法
《台阶》	小说	父亲	造高台阶的新屋 获得尊重	漫长准备、辛苦劳作，坚忍不拔、吃苦耐劳，勤劳俭朴	以小见大 对比注重细节刻画，肖像、动作、神态描写表现人物的内心世界
《父亲》	小说	父亲	望子成龙	贫穷、劳累、关爱孩子、重视教育……	以小见大 细节刻画
《听众》	诗歌	父亲	得到认同，获得尊重	因贫穷、没有文化受到歧视和排挤，支持培养儿子成才，任劳任怨，朴实……	先抑后扬 对比 精炼叙事 正面描写 侧面烘托

四、诵读悟情，妙笔赞父

仿写练习，教师出示歌颂父亲、父爱的句子，教师范读、学生齐读、指名单独范读，激发学生仿写的兴趣。

父爱如山，高大巍峨

父爱如天，高旷深远

父爱深邃诚恳，不图回报

父爱艰涩难懂，不求偿还

父亲是雨伞，为我们挡风遮雨

父亲是课本，教我们人性尊严

仿写：父爱如＿＿＿＿＿＿，＿＿＿＿＿＿。

　　　父爱如＿＿＿＿＿＿，＿＿＿＿＿＿。

　　　父爱＿＿＿＿＿＿，＿＿＿＿＿＿。

父爱＿＿＿＿＿＿＿＿＿，＿＿＿＿＿＿＿＿。

父亲是＿＿＿＿＿＿＿＿，＿＿＿＿＿＿＿＿。

父亲是＿＿＿＿＿＿＿＿，＿＿＿＿＿＿＿＿。

> **设计意图：**
> 有利于学生获得成功的学习经验，并且能及时纠正错误，养成倾听和自我反思的好习惯。

五、布置作业

试着将上一节课写完的小练笔改写为一首现代诗，要求有精炼叙事、人物特写，运用比喻、排比的修辞，可以直抒胸臆，也可含蓄抒情。

> **设计意图：**
> 初步形成读写一体化教学思路，通过阅读、提炼，掌握写作方法，化为己用。

六、学习评价

评价内容					学生姓名				评价日期			
评价项目	学生自评				小组互评				教师评价			
	优	良	中	差	优	良	中	差	优	良	中	差
课堂表现												
回答问题												
作业态度												
知识掌握												
综合评价	寄语											

【教学反思】

一、群文阅读教学

群文阅读，就是在语文课堂上围绕一个议题选择一组相关联的文章，引导学生围绕这一议题展开立体式的自主阅读，在阅读中发展自己的观点，进而提升阅读能力和思考能力，并进行多方面的言语实践。这是拓展阅读教学的一种新形式，它更关注学生的阅读数量和速度，更关注学生在阅读多种多样文章过程中的意义建构，对全面提高学生的语文素养具有十分重要的意义。它不仅是把文章简单地组合在一起，还更加深入文本内部，专注于文章的表达方式、表现手法、内部结构、写作方法、主旨立意等内容。教师应当精心地设计和选择才能使之更好地促进学生阅读能力的发展。

群文阅读教学中，不能一篇一篇孤立地呈现文章，也不能把多篇文章无序地全部呈现，最好有一定的梯度，才能获得群文阅读教学的整体效应。我根据文章主题和特点，选择"举一反三"式的群文阅读教学策略，有效地呈现文章。所谓"举一反三"的教学策略，即先教读一篇文章，再自读一组文章。这种教学结构，以一篇带多篇，教师教方法，学生用方法，可操作性强，能很好地提高教学目标的达成度。《台阶》是一篇自读课文，塑造了一位要强、勤劳又很谦卑的农村父亲形象，真实地再现了中国传统农民复杂的内心世界和坚韧顽强的人生历程。《父亲》中的父亲淳朴、吃苦耐劳，极普通却又不平凡，甘愿自己背负生活的重担，望子成龙，含辛茹苦地供"我"读书。这样一个父亲的形象与《台阶》中的人物形象有相同之处，便于学生理解，而且文中的细节描写、人物刻画的手法也有相似之处。《听众》以诗歌的形式，讲述身边的故事，更能调动孩子们的情感，帮助他们重新审视自己的父母，重新理解家长的不容易。三篇阅读材料虽然文体不同，但在主要人物、经历感受、描写方法、表现手法，尤其是作品主题方面都有异曲同工之妙。

阅读这些"平凡父亲"的故事，其实也是引导学生审视人性、理解家庭及社会、净化心灵，感受那种平淡而绵长的温暖、隐忍却直白的父爱，有助于深化学生对"凡人小事"的理解，启发他们更理性、积极地看待身边的普通人，注意捕捉身边人、身边事的闪光点。

二、支架式教学

支架式教学由以下环节组成：搭建学习支架；进入情境；独立探索；协作学习；效果评价。在教学过程中，我首先要考虑班级中学生的起点情况，根据教学目标的终点要求分析，预测学生学习的困难，从而准确预计学生学习的最近发展区，并为学生提供合适的及时的学习支架，从而使学生能够顺利地开展学习。教师还要分析学生学习的心理状态，使学生处于较佳的学习状态中。

教学应着眼于学生的最近发展区，而这首先需要判断并确定学生现有的水平，也就是学生的学习起点。在教学前对学生进行前测，是了解其起点状态的好方法。"前测"其实就是指进入系统学习之前对学生能否完成此内容学习的先决条件进行测试和评估。我采用发放"导学案"的形式考察学生能力，在进入新的内容学习之前，让学生对课文进行预习并记录预习状况，比如哪些知识已经理解了，哪些地方还不太明白，还包括生字词、文学常识、文体常识的积累；同时，借助"导学案"，为学生提供阅读批注的方法。通过对"导学案"的批阅，我还可以根据其反映的学生的水平状况来调整我的教学计划及步骤。

"问题"是学习过程中最为常见的支架，它能够适用于特定的研究范围，引导学生深入学习、探索。在学习过程中，我用不同层次、不同角度的问题为学生搭建学习支架，随着这些问题的不断解决，学生对文本的阅读会逐渐深入。好的问题不仅可以激发学生参与学习的兴趣和热情，激发其学习动力，还能够培养学生的问题意识，拓展其思维空间。因此，教师在提问时，陈述要清晰、具体、完整，还要时时关注学生的问题生成。建构主义学习理论认为，学习情境是学生建构知识所不可或缺的场所，情境则是其中重要的组成部分。创设情境，将学习任务和学生已有的知识水平相联系，能够促进新知识的建构，激发学生的学习积极性。本课教学中，我以"赏图品背景"导入，幻灯片播放作者家乡浙东农村的"台阶"图片，拉进学生与文本的距离。教师为学生设置一个合适的、情绪感染性强的情境。在第二课时，学生朗读《听众》这首诗歌时，教师播放歌曲《父亲》作为背景音乐，也能起到情境渲染的作用。

接下来谈一谈独立探索环节，我要求学生在"导学案"中问题的引导下，自己探索学习。同时，要给学生提供知识性的指导和纠正。比如"导学案"中学生出现的高频错误，学生独立回答问题时出现的错漏，我会适时明确。在课堂上发放一些引导性的案例，比如"仿写例句"，为学生提供"范例支架"。为学生提供阅读批注方法，圈点勾画标号一致，便于养成自主阅读习惯，掌握批注式阅读的方法。

此外，我还通过导学案为学生提供"图表支架"，要求学生按自己的能力选择性填写"思维导图"，帮助理清文章思路，感知故事情节，初识人物形象。第二课时中，我为学生提供了"图表支架"，分别从标题的作用、体裁特点、中心人物、内心渴望、生活经历、表现人物形象的方法、表现手法等方面做比较，带领学生明确小说的文体特点。因此，独立探索环节并非是完全放手，而是让学生自己分析探索，教师给予一些提示性的帮助，使得学生沿着概念框架逐步攀升。

　　课堂中的"协作学习"环节也是非常重要的，所谓协作学习也就是进入小组协商和讨论的环节，通过学生与学生之间、学生与教师之间的协商讨论，可以共享独立探索的成就，共同解决独立探索过程中所遇到的问题。当学生完成独立探索后，我要求学生以学习小组为单位，交流自主完成"思维导图"的收获。在课堂上，能看到很多学生自信的表情，听到学生规范的表达，观察到其他孩子认真倾听的样子。充分发挥学生的自学、合作研讨能力，以此打开学生思想的大门，激活学生的思维空间，让学生自由、充分地发表自己的见解。学生在汲取他人经验的同时，可以不断地对自己的思考过程进行反思，将自己的各种观念进行梳理和重组，获取对新知识的更全面的理解。这种社会性的相互作用，也锻炼了学生的合作能力、表达能力及交流能力。

　　在整堂课中，我不失时机地对学生进行点评，邀请同学对他人口头点评，设计评价表，从课堂表现、回答问题、作业态度、知识掌握四个维度要求学生开展多元评价，学习过程的评价可以激发学生的学习兴趣，促进学习。

（设计者：西宁市第十一中学　张永芳）

幽幽其芳　灼灼其华

《紫藤萝瀑布》《丁香结》《好一朵木槿花》美点追寻

【教材分析】

语文教材七年级下册《紫藤萝瀑布》课后"积累与拓展"第五题："宗璞有不少写景状物的散文，如《丁香结》《燕园树寻》《好一朵木槿花》等，课外找来读一读并进行比较，看看这些作品有什么共同的特点。"这为教师进行群文阅读提供了线索与方向。因此，如果将《紫藤萝瀑布》与《丁香结》《好一朵木槿花》组成一个"阅读群"的话，便可以有效扩大教学容量，在比较、甄别、分析、论证的过程中，培养学生的文本解读能力。这几篇文章从作家的角度讲，选材与情感都有很多共同之处；从文本内涵上讲，也存在着某种内在的精神联系。走进宗璞的文学世界，进而走进一个独立的审美空间，捕捉文本背后的文化因子，这是本次群文阅读的主要意图。

【学情分析】

七年级学生对于"托物言志"散文中"物"的特点和作者的"志"（情感）能进行归纳概括，但对于如何运用"托物言志"的手法来创作，使"物"与"志"和谐统一、有机融合是学生学习的难点。

【教学目标】

1. 有感情地诵读课文，把握文章的内容。

2. 感悟作品语言、形象和情感之美，学习"托物言志"的写作手法。

3. 运用比较阅读的方法，从作者的言语内容、言语形式入手，把握宗璞散文语言的特点，理解作品包含的人生哲理。

【教学重点及难点】

重点：感悟作品语言、形象和情感之美，学习托物言志的写作手法。

难点：运用比较阅读的方法，从作者的言语内容、言语形式入手，把握宗璞散文语言的特点，理解作品包含的人生哲理。

【教学课时】两课时

第一课时

【课时目标】

1. 在美的意境中，品味美的语言、美的形象，陶冶美的情感，学习美的表达。

2. 诵读学习，感受紫藤萝花的繁盛与美好，理解文中所蕴含的人生哲理，感悟生命的永恒。

【教学过程】

一、情境导入

上课之前和同学们聊聊有关"花"的话题。在田野、在山坡、在公园、在家里我们都会见到各种各样的花，能告诉老师你最喜欢什么花吗？为什么呢？

正如同学们所说，花是一种陪伴，一种装点，一种熏陶，所以今天我想和大家一起来看花。请同学们看大屏幕。知道屏幕上的是什么花吗？

紫藤萝、丁香花、木槿花，好看吗？

用一个字来说呢？对，美！今天，就让我们一起驻足观赏紫藤萝花、丁香花、木槿花，追寻文章中的词之美、情之美、花之美、意之美。

二、品读课文

（一）词之美

1. 请同学们默读课文，认读文中的生词，勾画出文中的美词。（要求：不少于15个）请同学们大声读一读自己勾画的词语。

2. 全班齐读字词。

点点银光　蜂围蝶阵　活泼热闹　忍俊不禁　仙露琼浆　伫立凝望

盘虬卧龙　伶仃　遗憾　绽开　迸溅　嚷嚷　沉淀

（二）情之美

1. 请学生听读课文，说一说作者对十年前的紫藤萝花和眼前的紫藤萝花的感情分别是是怎样的？从哪句话可以看出这种感情？

小结：作者对稀落、伶仃的藤萝感叹、惋惜；对眼前盛开的藤萝又充满了喜爱和赞美。

2. 朗读训练。指名朗读，其他人评价。

总结朗读美句佳段的方法:（1）读准字音和节奏。（2）感情喜悦:声调高,语速快；感情悲伤：语调低,语速慢。注意过渡。（3）传神的动词、形容词、数量词、感情色彩词做重音的处理。（4）投入自己的感情,将文中的语言化成自己的心声。

教师指导：请大家结合这些朗读方法，再次读读能够表达作者感情的句子，体会一下，相信你会有新的收获。

（三）花之美

（过渡：作者深深喜爱着紫藤萝花，所以不由地停下了脚步）

1. 勾画出你喜欢的描写盛开的紫藤萝花的词和句子，说说喜欢的理由，并做旁批。

方法指导：

好词:动词/形容词/数词/具有感情色彩的词＋表达效果（特点、情态、情感）

佳句：这句话运用了……的修辞手法，将……比做……（将……拟人化），生动形象地写出了……的……特点，表达了作者的……感情。

2. 同桌交流你喜欢的词和句子。

3. 全班交流。

（四）意之美

1. 难道作者仅仅是因为紫藤萝花的外表而喜欢它、赞美它吗？绝非如此。下面我们体会意之美。眼前的藤萝盛开犹如瀑布，而十多年前是什么样的？请从文中快速搜索一下十多年前的藤萝。谁发现了？

2. 十多年前的紫藤萝花是稀落伶仃的，花经历了兴衰，那么赏花的人呢？是不是一帆风顺的呢？我们一起看：

这篇文章写于1982年5月，当时作者的小弟弟身患绝症，作者非常悲痛。小弟是作者最钟爱的弟弟，也是老父亲最器重的儿子。这位 20 世纪 50 年代毕业于清华大学航空系的总工程师，毕业之后 30 余年在外奔波，积劳成疾。最后离开了他挚爱的亲人。宗璞含泪写下《哭小弟》。

"那一段焦虑的悲痛的日子，我不忍写，也不能写。每一念及，便泪下如雨，纸上一片模糊。这一天本在意料之中，可是我怎能相信这是事实呢！他躺在那里，但他已经不是他了，已经不是我那正当盛年的弟弟，他再不会回答我们的呼唤，再不会劝阻我们的哭泣。"

（过渡：正当她焦虑和悲痛之时，看到眼前瀑布似的藤萝，不由地停下了脚步，美丽的瀑布缓缓流过作者的心灵，带走了连日来的焦虑和悲痛，使她的心归于平静。花经历不幸还能开得如此繁密，那么人呢？经历不幸该如何面对生活、面对生命。请同学们勾画作者从花那里得到的生命感悟，体会作者由悲痛到宁静的感情变化。）

3. 全班齐读："花和人都会遇到各种各样的不幸，但是生命的长河是无止境的。我抚摸了一下那小小的紫色的花舱，那里满装生命的酒酿，它张满了帆，在这闪光的花的河流上航行。它是万花中的一朵，也正是一朵一朵花，组成了万花灿烂的流动的瀑布。"

教师指导：尽管作者家庭、人生都像紫藤萝一样，有着不幸的过去，但毕竟事过境迁，重要的是现在，一切都像紫藤萝一样，好起来了。遭遇不幸的时候，不能被厄运压倒，要对生命的长久保持坚定的信念，要面对新生活，振奋精神，不能让悲痛压在心头。

教师小结：本文以"紫藤萝瀑布"为题，但文章的主要内容显然不仅仅是描写紫藤萝。作者面对盛开的紫藤萝花，深受启示，抚今追昔，感悟出深刻的人生哲理。这种写法被称为"托物言志"或者"借景抒情"。

三、作业布置

积累有关积极乐观地面对人生的名人故事、名言警句、诗词，随时提醒我们要快乐地生活着。

第二课时

【课时目标】

1. 从作者的言语内容、言语形式入手，把握宗璞散文的特点。

2. 理解作品包含的人生哲理，学会关注自然、关注人生，培养自我砥砺的积极情怀。

【教学过程】

一、情境导入

大千世界，一草一木，只要细心体会，都会从中受到启发。生命的长河尽管有些曲折，但将永远奔涌向前。所以无论遇到怎样的悲伤和痛苦都要永远热爱自然，珍惜生命，像紫藤萝的花朵一样以饱满的生命力乐观积极地生活，让生命更加绚丽多彩。上节课我们学习了宗璞的《紫藤萝瀑布》，她还有两篇作品:《丁香结》《好一朵木槿花》，三篇文章之间的关联性、内容的丰厚、风格的多样，可以帮助你对宗璞作品形成全面深入的理解。

二、方法迁移

阅读《丁香结》《好一朵木槿花》完成以下任务。

（一）情之美

勾画表现作者情感的句子，有感情地朗读。

（二）花之美

好词:动词／形容词／数词／具有感情色彩的词＋表达效果（特点、情态、情感）

佳句：这句话运用了……的修辞手法，将……比做……(将……拟人化)，生动形象地写出了……的……特点，表达了作者的……感情。

《丁香结》	好词	
	佳句	
《好一朵木槿花》	好词	
	佳句	

（三）意之美

分别找出《丁香结》《好一朵木槿花》的主旨句，并和同桌交流自己的理解。

《丁香结》："结，是解不完的；人生中的问题也是解不完的，不然，岂不太平淡无味了吗？"

信息支架：作者笔下的丁香，它承载着苦难和愁怨，是作者刻意寻找的寄托情思、攀升思维的依凭。春天一来，丁香，这自然中的普通花束就充满了城里城外、校内校外。丁香的脉脉香气引发了作者的想象，给之以尺幅千里的功效。作者多少年来心里一直装着丁香，装着古人吟咏丁香的诗句，在一次春雨中忽然发现一柄柄的花蕾恰似一个个的"结"，于是联想到"丁香空结雨中愁"的诗句，开始了作者的人生体悟的抒发。

《好一朵木槿花》："任何愿望都会实现，因为持有的，是面对困难的勇气。"

信息支架："千古文章意为高"，要想让文章在立意上别具一格，就需要我们从普通的事物中去挖掘出它内在的思想。正如英国诗人威廉·布莱克一首著名的诗中所说的那样："一粒沙子也可以看到世界，一朵野花也可以看到天堂。"在大自然中，我们可以看到姹紫嫣红的鲜花，古往今来的文人墨客根据自己的独特观察和感受，做出了很多别致的咏叹，而宗璞的《好一朵木槿花》就是通过对一朵木槿花两次开花的描绘，让读者领悟到重压之下也要顽强挣扎、不畏艰难、勇敢面对一切苦难的人生真谛。

三、反思归纳

你能根据三篇文章的学习，总结宗璞散文的特点吗？

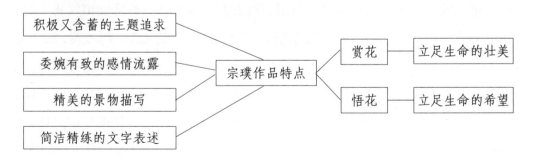

四、拓展延伸

说一说：你还知道哪些不向命运低头、不被厄运压倒，勇敢面对新生活的人吗？

五、布置作业

1. 运用借景抒情或者托物言志的写作方法，选择自己喜欢的花写一篇不少于 600 字的随笔。

2. 推荐阅读宗璞的《送春》。

六、板书设计

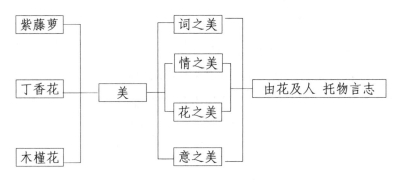

【教学反思】

一、群文阅读教学

群文阅读打破了传统的单篇阅读教学的模式，增加了学生的阅读量，改变了以教师讲解分析为主的阅读教学方式。教师创设真实的情境，激发学生自主阅读的兴趣，组织学习活动，倡导自主、合作、探究的学习形式。群文阅读教学首先要确立一个议题，议题的确立要在可讨论性和开放性的基础之上。课前，让学生自主阅读《紫藤萝瀑布》《丁香结》《好一朵木槿花》。在对宗璞这三篇散文有了初步感知的基础上，学生能说出三篇文章都表达了作者对花的赞美之情，但并不是一种简单的赞美之情，在这些赞美背后，有着复杂的情感。教师提出议题：追寻三篇散文的美点。教师引导学生通过朗读，学习词之美、情之美、花之美、意之美，这样以"点"带"面"，学生深入阅读的兴趣一下子被激发。学生通过自主阅读鉴赏文本，探索阅读鉴赏散文的途径，由此获得的方法和经验，在以后的阅读体验中可以广泛地应用。群文阅读是学生阅读的源头活水，更是学生提升语文核心素养的有效途径。

二、支架式教学

支架式教学是以学习者为中心，以培养学生的问题解决能力和自主学习能力为目标的教学法。通过一步一步地为学生的学习提供适当的支架，让学生通过这些支架一步一步攀升，逐渐发现和解决学习中的问题，掌握所要学习的知识，提高问题解决能力，成长为一个独立的学习者。托物言志类的文学作品，融合自然之物与作者之情，语言优美，感情真挚。物是情的载体；情是物的灵魂——情与物是这一类作品的两个核心的概念。我们要开展托物言志类文学作品的阅读，要教会学生方法，因此需要我们运用整合内容、任务统领、支架支持的策略开展。要改变学生的学习方式，就要充分发挥学生的主体作用，开展以任务为驱动的实践、应用、反思。本人借情境支架、问题支架、范例支架等，引导学生通过"自主概括——对比文章——发现特点——小结方法——拓展延伸"的步骤层层递进，突破难点。

（设计者：西宁市第十二中学　张璐璐）

仰望遥远的星光

《伟大的悲剧》《滑铁卢的一分钟》《黄金国的发现》
群文阅读

【教材分析】

《伟大的悲剧》是七年级下册的课文，记叙了英国南极探险家斯科特一行在从南极点归程的途中，由于南极寒冷天气提前来临，饥寒交迫最终长眠在茫茫冰雪之中悲壮覆灭的事件。作者以饱含深情的语言，赞颂了英雄们悲壮崇高的探险精神，尤其是在面对失败和死亡时，斯科特及其队员的勇敢、镇定、坦然。《滑铁卢的一分钟》依据史料，真实再现了滑铁卢战役的过程，这一战役彻底结束了拿破仑的政治生命，也从战术、战略的角度给后人留下了许多值得借鉴的经验教训。《黄金国的发现》讲述了 1848 年 1 月，苏特尔在他的农庄里发现了黄金，从此引发了加利福尼亚的"淘金热"，并随之给自己带来厄运的故事。三篇文章同样选自《人类群星闪耀时》，我们不仅要教给学生阅读传记文章的方法，更要让他们感受传记人物的精神内涵。

【学情分析】

本课是人物传记，内容比较浅显，学生主动阅读的兴趣浓厚，但是学生对主人公的生平不了解，而且作者也只侧重某一关键时刻的刻画，因此学生并不能深入了解主人公的情怀。所以教学上采取由浅入深的方式，由课内延伸到课外，由一篇延伸到《滑铁卢的一分钟》《黄金国的发现》的阅读，由多篇延伸到整本书《人类群星闪耀时》的阅读，学生去感受人物的精神世界，了解作出重要贡献的杰出人物的事迹，激发创造精神。

【教学目标】

1.学习作者在把握事实的基础上多角度、多层次地生动的描述，体会三篇文章中作者对英雄人物的颂扬和赞美。

2.总结三篇文章的共同点,体会茨威格《人类群星闪耀时》的写作风格。

3.走进文本,品味关键词句,并在阅读中逐渐实现情感态度的培养和提升。

【教学重点及难点】

重点:学习作者在把握事实的基础上多角度、多层次地生动的描述,体会三篇文章作者对英雄人物的颂扬和赞美。

难点:总结三篇文章的共同点,体会茨威格《人类群星闪耀时》的写作风格。

【教学课时】两课时

第一课时

【课时目标】

1.查看目录,了解《人类群星闪耀时》作传对象。

2.快速阅读课文《伟大的悲剧》,理清故事情节,体会"伟大的悲剧"的深刻含义。

3.在自主合作探究中品味文中感人至深的语句,把握作者表达的思想感情。

4.感受人物崇高的精神品质,培养无私、无畏、无悔的精神。

【教学过程】

一、情境导入

一个民族,千百万人里面才出现一个天才;人世间数百万个闲暇的小时流逝过去,才出现一个真正的历史性时刻。这节课,就让我们一起仰望那遥远的星光,将目光聚焦在《人类群星闪耀时》。

二、整体感知

(一)翻开目录,快速地回答都有哪些星星在历史的天空里闪耀呢?

那个藏在行李箱中躲避债务的西班牙男人——第一个看到太平洋的欧洲人巴尔博亚

拿破仑的命运居然掌握在一个庸人的手中——格鲁希

那个发现了加州金矿的瑞士男人最后一贫如洗——苏特尔

那个昨天还在瑞士鞋匠家里居住的小个子俄国男人会摧毁一个最强大的专制帝国——列宁

（二）作者简介

有关这些璀璨群星的描述都出自同一人之手——茨威格

茨威格的文字非常抓人，看一眼就放不下，眼球、心和情绪，全都被抓住。他的作品以人物的性格塑造及心理刻画见长，他比较喜欢某种戏剧性的情节。

（三）文本分析

阅读《伟大的悲剧》，选取其中一些关于性格、心理、情节的片段，领略这位被称为"人类历史上最好的传记作家"笔下的人物。

1. 结合你对课文内容的理解和把握，谈谈课题中的"悲"体现在哪些方面？

失败之悲、作证之悲、死亡之悲、世人之悲。

2. 斯科特海军上校极其冷静地将日记记录到他生命的最后一息，直到他的手指完全冻僵，笔从手中滑下来为止。在肆虐的大自然面前，他没有放弃，他用笔记录下一切，酷寒可以夺去他的生命，却打不垮他坚强的意志。这体现了斯科特的什么精神？

因为"对祖国、对全人类的亲密情谊"，在斯科特濒临死亡的时候，他没有一丝后悔，没有一点胆怯，他心中充满着对家人、对朋友、对祖国、对人类的爱，正是这种爱，使他义无反顾地踏上前途未卜的征程，正是这种爱使他更加伟大。

3. 斯科特们仿佛是自觉自愿地背负上了沉重的十字架，对他们来说，这十字架代表的不仅是受难，是牺牲，更是光荣，是伟大！那么文章中茨威格是如何认为的？

最后一段："一个人虽然在同不可战胜的厄运的搏斗中毁灭了自己，但他的心灵却因此变得无比高尚。所有这些在一切时代都是最伟大的悲剧。"

三、作业布置

1. 根据下列思维导图完成《伟大的悲剧》的内容梳理。

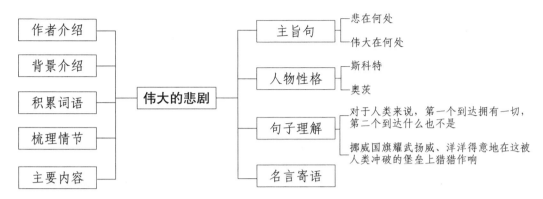

2. 自主阅读《滑铁卢的一分钟》和《黄金国的发现》。

第二课时

【课时目标】

1. 学习作者在把握事实的基础上多角度、多层次的描述，体会三篇文章作者对英雄人物的颂扬和赞美。

2. 总结三篇文章的共同点，体会茨威格《人类群星闪耀时》的写作风格。

【教学过程】

一、群文阅读，问题探究

滑铁卢的一分钟

我们来看书中的一段话："他的帝国，他的王朝，他的命运完结了：一个微不足道的小人物的怯懦毁掉了最勇敢、最有远见的人在叱咤风云的二十年间建树的一切。"

（一）他是谁呢？小人物又是谁呢？

拿破仑，创造一系列军政奇迹和辉煌成就。

格鲁希，花了一分钟时间终结这一切。因为这一分钟，滑铁卢战败，成功与失败的间隔仅仅是一分钟，这一分钟何其重要。

（二）结合文章分析格鲁希是个怎样的人？

性格：中等资质的男人，为人诚实、正直、勇敢、可靠。这样的性格并无过人之处，他只是庸人，庸人避免不了性格上的怯懦，而这对于战争来说就是致命的弱点，他的唯唯诺诺让滑铁卢在以后的岁月里所代表的含义是"失败"。

小结：再一次让我们惊叹，历史的确是上帝神秘的作坊。

黄金国的发现

（一）对于金子，人们的态度是怎样的？找到具体的语句勾画下来

（二）你怎样评价这些挖金子的人呢？

"金银天然不是货币，但货币天然是金银。"1848年人人对于金子的崇拜不亚于遥远的物物交换时代，那片土地上所有为苏特尔拼命劳作以挣点货币的人，得知金子就埋在地表的消息时，他们所有的劳作都失去了意义，他们能不拼命地疯抢金子么？金子的魅力让所有想不劳而获的冒险者从世界各地赶来，只是天上掉馅饼的事情刚好就砸在旧金山这片土地罢了。

（三）你怎样评价苏特尔？

坚持、踏实、信念至上。但他的经历告诉我们，法律会变，人心会变，这世界会变，他以一个欧洲逃亡者的身份来到加利福尼亚，在一片荒地上白手起家，破产后逃到森林，带着几个儿子再一次建造自己的乡村城堡，可悲剧在于他最后把身家抵上去换一个公平。

二、畅谈理解，获得感悟

1. 原来，命运喜欢和人开玩笑。尽管结局悲惨，但不得不说他们有过壮丽的业绩，你觉得会是什么因素使他们的事业可以被称为壮丽呢？

2. 探险者，有着常人所没有的胆识和承受艰险磨难的能力，对于未知的总是有着恐惧感。

3. 性格决定行为，行为决定命运。你的性格决定你的命运，一不小心也可能决定了他人的命运，小人物可能决定大人物的命运。

三、合作探究，寻求共性

通过茨威格向我们呈现的这些大起大落的情节及细腻的人物性格，我们是否发现了他笔下文字的一些共同点呢？

1. 善于分析人物的心理。

2. 情节富于戏剧性。决定命运的历史性时刻其实就是一瞬间的事情。茨威格让我们清清楚楚地看见人类的历史是怎样在关键的一瞬间被改写，让我们真真切切感受命运的戏剧性。

3. 不以成败论英雄。他们毕竟有过丰富多彩的人生，有回忆，有热泪。历史

是不会忘记这些人的，他们在用自己的生命书写历史，创造历史。

教师小结：通过茨威格天才的想象，他笔下的 14 位人物让人流连忘返，每一位都是一颗散发着璀璨光亮的星星。那些人物的命运，大起大落，让人扼腕叹息。茨威格凭借他天才的想象，向人们充分展现了命运的奇诡莫测、悲喜莫辨。那些瞬间，现在回看，惊心动魄，如果不是他们，也许还有别人，但是，历史选中了他们。

四、拓展延伸，深入探索

问题：很可惜的是，茨威格并没有涉及到中国的历史，我想如果他对这片古老土地过去的悠长岁月有过研究的话，他一定会如获至宝，因为这是一片开垦不尽的肥沃土地，足够他皓首穷经，钻研一辈子。我们来做一个大胆的猜测，如果他翻阅中国的历史人物，你觉得以他的风格，哪些人会进入他的视野？

学生：以他的眼光，我猜想他会对屈原投江、卧薪尝胆、虎门销烟、西安事变、抗日战争胜利等感兴趣。

教师总结：历史神秘，在上一刻是黎明，这一刻是黑夜。这一刻是黑夜，下一刻是黎明。黑夜很可怕，但是毕竟有星星闪烁。因为无论黎明还是黑夜，都有一种力量在，就是人类为之骄傲的堪称永恒的力量：喷薄不息的生命力，不屈、抗争、奋斗。凭借着这些力量，有一天你也会是人类的群星中闪耀的一颗。《人类群星闪耀时》是一本需要我们仰视的书，那遥远的星光会使青灯黄卷的读书生涯变得无限光明起来。

五、作业布置

1. 我们不能单以成败论英雄，还应看到事件本身所带来的震撼和事件带给我们的启迪。以"心目中的英雄"为话题，写一个 300 字左右的片段。

2. 课后找时间阅读《人类群星闪耀时》的其他篇目。

六、板书设计

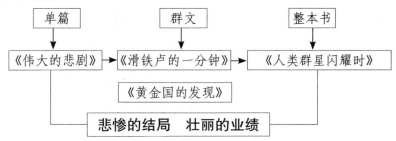

【教学反思】

在语文阅读教学中，经典文本需要通过群文阅读达成深刻透彻的教学目的，群文阅读在经典文本教学中最能彰显其在核心素养发展上独特的价值与魅力。《伟大的悲剧》《滑铁卢的一分钟》《黄金国的发现》三篇文章在内容、主题或细节上存在一定的类似之处，这不仅能够帮助学生更好地理解《伟大的悲剧》的主题，也有助于加强对整本书《人类群星闪耀时》的阅读和理解，最终提升学生的思维能力。通过分析三篇作品的人物描写手法，学生体会到作者对英雄人物的颂扬和赞美，从而感受茨威格《人类群星闪耀时》的写作风格。学生的思维被激活，主动探索新知识，对学习中遇到的问题独立思考，从而产生新颖、独到的见解，学生的创新意识、实践能力得以培养和提高，创新学习过程得以优化。《伟大的悲剧》是经典文本，最终形成以一带多、组文成群、聚篇成类的网状阅读教学结构，以此培养学生的语文核心素养。

通过问题支架使学生在教师帮助下完成自我建构。学生"知道了什么""想知道什么"是语文教学活动开展的前提，教师不能取代学生预设问题，而应搭建问题支架促使学生主动建构。导入时，直接从《人类群星闪耀时》的目录入手，快速寻找都有哪些群星在历史的天空里闪耀，在解读三篇文章之后，设置问题："通过茨威格向我们呈现的这些大起大落的情节、细腻的人物性格，我们是否发现了他笔下文字的一些共同点呢？"以此给予学生阅读的支架，由这一问题激发学生的阅读兴趣，有利于学生迅速提取信息。通过情境支架的设置完成整体感知、细节品味等环节的学习，引导学生深入文本，让学生去感知传记文学的特点，让学生深入思考文章中"伟大"的含义，让学生领悟作品主题，从而有兴趣进行整本书的阅读。

（设计者：西宁市第十二中学　张璐璐）

苏轼失意仕途中的诗意生活

《记承天寺夜游》《记游松风亭》《书上元夜游》
群文阅读

【教材分析】

《义务教育语文课程标准（2022年版）》要求学生能"阅读浅易文言文，能借助注释和工具书理解基本内容"；"欣赏文学作品，有自己的情感体验，初步领悟作品的内涵，从中获得对自然、社会、人生的有益启示。"

《语文》八年级上册《教师教学用书》单元说明强调："本单元的诗文都具有情景交融的特点，情是景的灵魂，景是情的载体。了解作者的情感是领悟景物意蕴的一把钥匙。"

《记承天寺夜游》是八年级上册第三单元的一篇小品文。写于苏轼被贬黄州期间，全文仅80余字，却运用记叙、描写、抒情等多种表达方式，创造了一个清冷皎洁的艺术世界，传达了作者豁达乐观的心境。

《记游松风亭》是苏轼贬居广东惠州时所作的一篇小品文，记叙了作者游松风亭路途中的小事及感想。作者在谪居生涯中常常苦中作乐，在信步山野中排遣愁怀，领悟自然玄机。此次登松风亭未遂，苏轼表现出了"随遇而安"的生活态度，表现了作者坦诚、天真、乐观、豁达的一面。全文文字简练，意味深远，顿挫有致。

《书上元夜游》是苏轼被贬谪到海南岛儋州时创作的一篇散文。文章展现了一次作者月夜出游的生活片段，整个游历路程及儋州元宵节特有的热闹、喜悦皆跃然纸上。父子相对而笑，苏氏父子虽处"多病瘦悴""饮食百物艰难"的困境，却超然自得，生活和谐，心境恬静。结尾用韩愈的典故，把人生比作钓鱼，蕴含着苏轼对人生得失无定的妙悟，其中有一生"钓鱼无得"的几分自嘲。全文语言极为简约，意境怡然。

苏轼在六言绝句《自题金山画像》中写道："问汝平生功业，黄州惠州儋州。"《记承天寺夜游》《记游松风亭》《书上元夜游》恰是写于谪宦三地，内容上都写了月下游玩，都是先叙事再抒情议论，都带有自我开解的豁达，也有对自己一生的总结，多重感情交织在一起，意境苍凉，寓庄于谐，言有尽而意无穷。选择此三篇短文进行学习，有利于落实课标学习要求，继承中华优秀的传统文化。

【学情分析】

学生在以往的学习中已经接触到多篇文言文，并且有一定的文言文阅读基础，完全可以结合课下注释完成字词解释及文意疏通。本课题字面含义较为简单，学生感到既亲切又熟悉，他们已有的文言文学习经验是学习本节内容的基础。八年级学生已初步具备了一定的分析问题和解决问题的能力，通过前面的学习，学生也能够在诵读感悟、细节品味及小组合作探究的基础上进一步研究语言文字，这都为本节课的学习奠定了一定的基础。但学生缺乏的是在文本解析的基础上理解思想情感，进而把握苏轼在不同人生境遇中的自我心态调整，提升文本与自我之间的关联能力，这也是教学的难点所在。

【教学目标】

1.朗读课文，读准字音，读通文句，读出文章的韵味。

2.借助工具书，结合课下注解，掌握文中重点字词句的含义。

3.分析景物描写的方法，体会其作用。

4.比较阅读，联系文章的写作背景，领会作者在文章中所表达的旷达心境，学习作者身处逆境而乐观豁达的心态。

【教学重点与难点】

1.教学重点:(1)掌握文中重点字词句的含义,学习抓住特征描写景物的方法。（2）联系文章的写作背景，体会作者的特殊心境，感悟作者的人生态度。

2.教学难点：联系苏轼被贬时期的三篇短文，体会作者的特殊心境，感悟作者的人生态度。

【教学课时】两课时

第一课时

【**课时目标**】

1. 朗读课文，读出文章韵味，当堂成诵。

2. 借助工具书，结合课下注解，掌握文中重点字词句的含义。

3. 分析景物描写的方法，体会其作用，感受作者的特殊心境，领悟作者的人生态度。

【**教学过程**】

一、创设情境之导入

我来描述你来猜：他是横贯宇内的文艺全才；他是众人倾服的士林领袖；他是游戏人间的不老顽童；他还是乐天知命的谪居达人。

明确：苏轼

二、展示自学之成果

（一）快速抢答文学常识

苏轼（1037—1101 年），字_____，号_____，眉州眉山（今四川眉山）人，_____（朝代）著名的_____。与其父苏洵、弟苏辙并称为_____，北宋中期的文坛领袖，文学巨匠，被称为_____。

（二）掌握重点词义，疏通文句

目标要求：信、达、雅，即准确、通顺、典雅。

1. 庭下如积水空明，水中藻、荇交横，盖竹柏影也。

2. 何夜无月？何处无竹柏？但少闲人如吾两人者耳。

学法指导：化整为零、知新温故、字字对应。

（三）请用一句话概括本文的内容

明确：苏轼、张怀民夜游承天寺；元丰六年十月十二日夜，苏轼、张怀民夜游承天寺。

学法指导：

1. 标题扩写法

2. 要素概括法

三、诵读文本之韵味

（一）指名学生或小组按如下方式朗读课文，要求读准字音、读清停顿、读出情感

标画停顿版；原文版；无句读版；繁体字版；省略版。

（二）全班齐声背诵全文

学法指导：

1.熟能生巧，熟读成诵；

2.先理解文意，再记"领头字""领头句"和"过渡句"，最后串连成文。

四、品读文本之内涵

（一）小组合作探究：这夜游漫步时，字里行间中，包含了苏轼哪些微妙复杂的情感？

明确：赏月的欣喜、散步的休闲、贬谪的悲月、人生的感慨中表现出的豁达乐观。

学习提示：

找出写景的句子，赏析修辞手法，明确景语中蕴含什么样情语？

明确："庭下如积水空明，水中藻、荇交横盖竹柏影也。"

运用两个比喻："庭下如积水空明"将庭下月色比作澄澈透明的积水；"水中藻、荇交横盖竹柏影也"将庭院中竹树、柏树的影子比作水中交错纵横的水藻和荇菜。生动形象地描绘出一幅空灵澄澈、疏影摇曳、似真似幻的月夜美景。

苏轼从"月色入户""欣然起行"并在这美妙夜景中散步，赏月的欣喜跃然纸上。

（二）苏轼为何与张怀民欣赏这一轮明月？

知人论世：元丰二年，苏轼被诬陷以诗诽谤朝廷，被捕入狱，几遭杀身之祸。后来获释后被贬黄州，任团练副使，但不得"签署公文"，不得随意外出，无住所，无薪俸，生活贫困，只能租城东荒地自己耕种，在坡边自筑茅屋。张怀民虽屈居主簿之类的小官，但心胸坦然，绝不为迁谪之事伤神，公务之暇，以山水怡情悦性，处逆境而无悲戚之容，是位有过人自制力和品格清高超逸的人。

（三）作品的文眼是什么？试结合写作背景和作者经历分析作者的情感。

明确："闲人"——清闲的人；具有闲情雅致的人。

在常人眼里，那是一轮最普通的明月，而在苏轼的眼中却写满了种种情趣！

此刻，让我们感触最深的是这样一个"闲人"深处逆境，还拥有闲情逸致，拥有积极乐观旷达的心态。

五、小结本课之心得

这是一种饱经忧患仍对社会和人生保持热情的豪迈和积极进取的人生态度；这是一种"宠辱不惊，闲看庭前花开花落，去留无意，漫随天边云卷云舒"的旷达情怀;这是一颗即使在艰难岁月中也始终热爱生活、热爱自然，时时刻刻发现美、欣赏美的敏感心灵!

六、余音绕梁之延学

1.必读作业：借助网络和工具书阅读《记游松风亭》和《书上元夜游》；

2.选做作业：穿越时空，对话东坡（选你擅长的、选你喜欢的）。

（1）灵感来时我能补一补……

（2）穿越时空对他说一说……

（3）一展歌喉我想唱一唱……

（4）文思泉涌我能写一写……

第二课时

【课时目标】

借助工具书理解《记游松风亭》和《书上元夜游》大意，积累重点实词、虚词；运用《记承天寺夜游》的学习方法，分析《记游松风亭》和《书上元夜游》描写和抒情的语句，体会作者被贬时期的心境；结合苏轼谪居生活的资料，比较三篇作品写作上的异同；学习苏轼身处逆境却乐观豁达的心态。

【教学过程】

一、回头观诗来导入

用《自题金山画像》过渡，引出新课。

二、举一反三来学习

学习了苏轼写于47岁的《记承天寺夜游》后,本节课阅读苏轼写于58岁的《记游松风亭》和63岁时的《书上元夜游》。

自主学习，学生借助注释了解文章大意，填写学案上的表格。

余尝寓居惠州嘉祐寺，纵步松风亭下，足力疲乏，思欲就亭止息。望亭宇尚在木末①，意谓是如何得到？良久忽曰："此间有甚么歇不得处！"由是如挂钩之鱼，忽得解脱。若人悟此，虽兵阵相接，鼓声如雷霆，进则死敌②，退则死法③，当恁么④时也不妨熟歇。（《东坡志林·记游松风亭》）

【注】①木末：树梢。②死敌：死于敌手。③死法：死于军法。④恁么：如此，这样。

卯上元①，予在儋州②，有老书生数人来过，曰："良月嘉夜，先生能一出乎？"予欣然从之，步城西，入僧舍，历小巷，民夷③杂揉，屠沽纷然。归舍已三鼓矣。舍中掩关熟睡，已再鼾矣。放杖而笑，孰为得失？过④问先生何笑，盖自笑也。然亦笑韩退之⑤钓鱼无得，更欲远去，不知走海者未必得大鱼也。（《东坡志林·书上元夜游》）

【注】①上元：农历正月十五。②儋州：地名，现在属于海南。③民：指汉族人。夷：指当地少数民族。④过：苏轼的小儿子。⑤韩退之：唐朝文学家韩愈。

篇目名称	游览时间	同游者	游中所见	游中所感
《记承天寺夜游》	元丰六年十月十二日夜	张怀民	"庭下如……影也"	"何夜无月……者耳"
《记游松风亭》				
《书上元夜游》				

学法指导：

1.整体感知，圈点勾画出表明心情的语句，赏析景物描写的句子。

2.结合作品写作背景，品读文中关键语句。

三、合作探究来深入

（一）借鉴《记承天寺夜游》的学习方法，结合作品背景，分析关键语句，探寻苏轼心境

（二）助读资料，认"游"之人。（教师讲解苏轼一生被贬经历，重点强调黄州生活）

补充一：

1.苏轼做犯官、做百姓、做农夫。面对瓦片丛生的50亩"荒地"，他取名"东

坡"，自称"东坡居士"。

2. 苏轼做书画家。自建的房子在大雪中完工，取名"东坡雪堂"，房外无景，就亲手画了带有森林、河流、渔夫的雪景壁画。

3. 苏轼做文人墨客。黄州期间他的作品甚多，如《念奴娇·赤壁怀古》《前赤壁赋》《后赤壁赋》等名篇佳作先后涌现。

补充二：2000年法国《世界报》评论苏轼"居庙堂之高，心忧黎民，勤于政务；处江湖之远，尽职尽责，为善一方。在朝期间，他直言敢谏，不惧权贵；在贬期间他抗洪灭蝗，赈贫救孤，颇多政绩。他俯仰无愧于天地，心无名利杂念，遂有闲心领略江山风月，写下无数传世杰作。"

（三）三篇短文，分别写于黄州、惠州和儋州。完成学案上的表格，比较苏轼的写法和心境有何异同？

明确：

相同之处	
三篇小品文都描写了所见之景	情感表达上：苦中作乐，对处境的思考和感慨

不同之处			
	《记承天寺夜游》	《记游松风亭》	《书上元夜游》
心情	些许的忧伤不满	释然	彻底放下
心绪	看重	看清	看开
心态	失意苦闷中的悠然自得	自我调节后的随遇而安	释然解脱后的苦中作乐

四、勾连诗作来练笔

"江山风月，本无常主，闲者便是主人"，教师推荐苏轼的三首诗词，学生齐读。

《定风波》："回首向来萧瑟处，归去，也无风雨也无晴。"

《惠州一绝》："日啖荔枝三百颗，不妨常作岭南人。"

《六月二十日夜渡海》："九死南荒吾不恨，兹游奇绝冠平生。"

课堂练笔：假如苏轼也有朋友圈，请你给他留言。（150字左右）

五、画龙点睛来总结

尽管千年的时空相隔，使我们无法与苏轼握手相拥，但人性中豁达、乐观的人生心态是我们千年不变的共同追求！在大家今后漫长的人生道路上，我们也会遭遇逆境，但不要灰心失望，请记住苏轼，记住苏轼的名篇佳作。愿我们的心灵永远澄澈明净，愿我们对待人生更加豁达从容！

六、读写结合更明志

1. 完成习作《我眼中的苏轼》，不少于500字；

2. 课后推荐阅读：林语堂《苏东坡传》；余秋雨《苏东坡突围》；刘小川《品中国文人》中的苏轼章节；康震《唐宋八大家之苏轼》。

七、板书设计

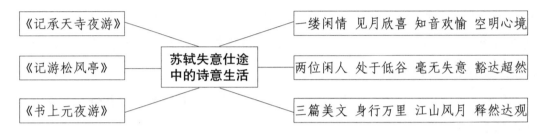

【教学反思】

一、群文阅读教学实施过程中的成效

在本课设计上，以课内带课外，以教读带自读，以一篇带多篇，推荐阅读苏轼其他作品和苏轼的传记文学，采用"1+X"的阅读教学方式，落实语文教材"读书为本，读书为要"的阅读教学理念，培养学生的语文核心素养。在教学中，重视新旧知识的联系、学法指导和人文精神的培养，发挥学科育人的巨大作用。

二、支架式教学实施过程中的成效

借助情境支架课堂导入巧妙有效，对苏轼在文学、政治、心性、情怀等方面的介绍导入，有利于学生了解苏轼成就，激发学生探究本文的兴趣，调动学生学习本文的积极性；在朗读文本环节，借助向导支架让学生在课堂上反复诵读，能够帮助学生理解基本内容，初步理解作者情感，达到当堂熟读成诵的学习效果；在文本分析中，采用问题支架，引导学生体会文中景物描写的方法及其作用，提升学生欣赏古代小品文的能力；采用范例支架，让学生借助学习苏轼贬谪黄州的《记承天寺夜游》的方法，阅读贬谪于惠州的《记游松风亭》和贬谪于儋州的《书上元夜游》，举一反三，提升学生阅读能力。

（设计者：西宁市第十二中学　黄颖）

无月不东坡

《水调歌头·明月几时有》《卜算子·黄州定慧院寓居作》《记承天寺夜游》群文阅读

【教材分析】

《记承天寺夜游》是八年级上册第三单元《短文二篇》中的第二篇，是苏轼的一篇小品文。本文写于苏轼被贬黄州期间，全文仅85个字，运用记叙、描写、抒情等多种表达方式，创造了一个空明、澄澈的艺术世界，传达出作者乐观、旷达的心境。文章短小精悍，语言言简意赅，其情其景耐人寻味，可以说是学生学习写景抒情文章的典范。

将《水调歌头·明月几时有》《卜算子·黄州定慧院寓居作》和《记承天寺夜游》组成群文阅读，建立群文的有机联系，是因为它们的背景有共同点，有助于学生更好地感知文义，理解东坡词作的魅力，让学生对苏轼有更加丰满深刻的认识，感受苏轼词作巨大的精神张力和生命的华美。

【学情分析】

《记承天寺夜游》表达了作者微妙复杂的心情。话中有诗，意蕴深远，适合学生的诵读学习。初二学生已初步掌握了一定文言文阅读学习方法，但对文言文阅读的分析还不到位，特别是情景交融、借景抒怀的文言文，讲解时，要引导、启发学生的思维，并努力创设情景，以诵读为主，激发学生兴趣，教给学生学习方法，让学生能够在读中思、读中品、读中悟。

《水调歌头·明月几时有》和《卜算子·黄州定慧院寓居作》学习起来相对难度较大。但是在学习《记承天寺夜游》的基础上，可以大致理解后两首诗的内容和体会作者的情感。

【教学目标的确定】

《义务教育语文课程标准（2022年版）》要求7—9年级能阅读浅易文言文，能借助注释和工具书理解基本内容。提出注重积累、感悟和运用，提高自己的欣赏品味的要求，在课堂上采取多种朗读方式，让学生与文本进行充分的对话以此积累文言实词；通过对景物描写的赏析，紧扣文本内涵，体会"闲人"的含义；运用"对比求异"的思维方式，深入领悟东坡词作的魅力，感受苏轼词作巨大的精神张力，提高学生的欣赏品味。

【教学目标】

1. 有感情地读课文，积累文言实词。

2. 赏析《记承天寺夜游》描写景物的句子，理解"闲人"的含义并分析其包含的感情。

3. 运用《记承天寺夜游》学习方法，学习《水调歌头·明月几时有》和《卜算子·黄州定慧院寓居作》。

4. 通过"求同存异"的思维方式，领悟东坡词作的魅力，感受苏轼词作巨大的精神张力和生命的华美。

【教学重点】

联系写作背景，感悟作者的人生态度。

【教学难点】

群文阅读，体会诗词在不同情景下的意象表达。

【课时安排】两课时

第一课时 《记承天寺夜游》的学习鉴赏

【课时目标】

1. 反复诵读，读出韵味，并积累重要的文言词汇。

2. 品味文中意境优美的写景句子，学习景物描写的方法。

3. 体会作者的特殊心境，感悟作者的人生态度。

【教学过程】

一、课文导入

有人说,中国人随便拿起一本古人的诗集,抖一抖,叮叮当当地会掉下许多"月"

字来，开个月饼店不成问题。这说得很有道理，于是千里婵娟是月，云破弄影是月，芦花深处是月，小楼吹笙是月，千江有水千江月，掬水在手月在手。词作中的月更是俯拾皆是，今天，我们走进苏东坡的月色中，感受他的别样人生。

二、有味地朗读

（一）朗读训练

读出一点文言文的味道，读出一点宁静的氛围，读出一点夜游的兴致，读出一点复杂的情愫。

学法指导：读准字音、读出节奏、读出情感。

（二）小组合作，结合注释，疏通文意

三、有味地赏析

（一）夜游的时间、地点、人物、起因、内容、心情

（二）请谈谈自己欣赏到了课文中的一点之美

例如：一字之美、一词之美、一句之美、结构之美、层次之美、描写手法之美、表达方式之美、情感之美等。

（三）文中是如何描绘月色的？

庭下如积水空明，水中藻、荇交横，盖竹柏影也。

"积水空明"用比喻的手法写出月光的清澈透明，给人以一池春水的静谧之感。（正面描写）

用"藻荇交横"四个字来比喻月下美丽的竹柏倒影，具有水草摇曳的动态之美，整个意境静中有动，动而愈见其静。（侧面描写）

作者以高度凝练的笔墨，点染出一个空明清澈、疏影摇曳、似真似幻的美妙境界。

四、有味地感悟

（一）面对如此美景，作者有怎样的感慨？此句中蕴含着作者怎样微妙而复杂的思想感情？

归纳：漫步的悠闲，赏月的欣喜，贬谪的悲凉，人生的感慨。

（二）作者为什么称自己是闲人？这体现了作者当时怎样的心境。

归纳：要有一颗善于发现美的眼睛，大自然的美景时时能觅、处处可见，只

要心胸开阔，淡泊名利，无论到哪里，都能在美好的大自然中享受到无穷乐趣，这两位闲人做到了这一点，旁人在追求名利，无暇顾及美景，当然欣赏不到。这是作者的人生感慨，流露出旷达的心境。我们看到作者积极乐观的人生态度，故其笔下的月夜才如此空灵、皎洁。

全文六美：美在内容的精致，美在内容的丰富，美在结构的灵动，美在月色的描写，美在情感的波澜，美在"闲人"的意味。

作业布置：结合作者创作背景，将《记承天寺夜游》改写为叙事散文。

第二课时　群文阅读，求同存异

【课时目标】

1. 了解作者生平，理解词义、关键句子的深刻含义，品味词的艺术美，提高欣赏品位和审美情趣。

2. 反复诵读，体会作者内心的真情实感。

3. 感受作者乐观旷达的情怀，学会在逆境中调整自己的心态。

【教学过程】

一、一读东坡，品月观其情

南宋文学家胡仔在《苕溪渔隐丛话》中说："中秋词自东坡《水调歌头》一出，余词尽废。"好一个"余词尽废"！让我们一起走进今天的群文阅读，看看东坡词中的一轮明月触动了诗人怎样的情感和思绪呢？

其一，《水调歌头·明月几时有》：

丙辰中秋，欢饮达旦，大醉，作此篇，兼怀子由。

明月几时有？把酒问青天。不知天上宫阙，今夕是何年。我欲乘风归去，又恐琼楼玉宇，高处不胜寒。起舞弄清影，何似在人间？

转朱阁，低绮户，照无眠。不应有恨，何事长向别时圆？人有悲欢离合，月有阴晴圆缺，此事古难全。但愿人长久，千里共婵娟。

其二，《卜算子·黄州定慧院寓居作》：

缺月挂疏桐，漏断人初静。时见幽人独往来，缥缈孤鸿影。

惊起却回头，有恨无人省。拣尽寒枝不肯栖，寂寞沙洲冷。

《水调歌头·明月几时有》注释：

丙辰：熙宁九年（1076年）。达旦：至早晨；到清晨。兼：同时涉及或所具有的不止一方面。子由：苏轼的弟弟苏辙的字。

把酒：端起酒杯。把，执、持。归去：回到天上去。

琼楼玉宇：美玉砌成的楼宇，指想象中的仙宫。

不胜：经受不住。胜（shèng）：承担、承受。

弄清影：意思是月光下的身影也跟着做出各种舞姿。弄，玩弄。

何似：哪里比得上。

朱阁：朱红的华丽楼阁。绮户：雕饰华丽的门窗。

何事：为什么。但：只。共：一起欣赏。婵娟：指月亮。

《卜算子·黄州定慧院寓居作》注释：

漏断：即指深夜。漏，指古人计时用的漏壶；即指深夜。幽人：幽居的人，形容孤雁。幽，《易·履卦》："幽人贞吉"，其义为幽囚。引申为幽静、优雅。

缥缈：隐隐约约，若有若无。

省（xǐng）：理解，明白。"无人省"，犹言"无人识"。

沙洲：江河中由泥沙淤积而成的陆地。

（一）诵读、轮读、比读、赛读

（二）根据注释，疏通诗意，理解诗情，用横线画出两首诗词中写月亮的句子

（三）分析两首首词的上片和下片各写了什么内容？

词名	上片内容	下片内容
《水调歌头·明月几时有》		
《卜算子·黄州定慧院寓居作》		

小结：中秋佳节，多少文人月下抒怀，而苏东坡的这一望，心中不仅望到了自己的亲人，还望尽天下所有的离别之人。《水调歌头》是思念的月，寄托的月，离别的月，团圆的月。

《卜算子·黄州定慧院寓居作》是"寂寞月""孤鸿月"。乌台诗案险些丧命，使苏东坡备受打击。"缺月挂疏桐"残缺的不仅是那月亮，还可能是苏东坡的那颗心。

二、再读东坡，赏月品其味

从《记承天寺夜游》《水调歌头·明月几时有》中找出自问自答的语句，品读其中真味。

教师明确：

1."何夜无月？何处无竹柏？但少闲人如吾两人者耳。"

苏轼问得旷达，问得洒脱，将贬谪的悲凉、漫步的悠闲、赏月的欣喜、人生的感慨都融入这澄明的月色中，表达出了旷达的情怀。

2."明月几时有？把酒问青天。"

苏轼问月，问得超凡，问得飘逸；苏轼答月，答得脱俗，答得浪漫。

3."不应有恨，何事长向别时圆？人有悲欢离合，月有阴晴圆缺，此事古难全。"

苏轼怨月，怨得忧伤，怨得惆怅；苏轼解月，解得合理，解得达观。

三、三读东坡，望月明其意

（一）学生根据三首词作的写作背景，了解作者的经历

《记承天寺夜游》此文写于宋神宗元丰六年（1083 年）。元丰二年（1079 年），苏轼因乌台诗案被贬黄州，名义上是"团练副使"，却"本州安置，不得签书公事"，也就是说做着有职无权的闲官，到写这篇文章时已经快满四年。张怀民此时也谪居黄州，暂寓承天寺。

《水调歌头·明月几时有》是宋神宗熙宁九年（1076 年）中秋作者在密州时所作。苏轼曾经要求调任到离苏辙较近的地方为官，熙宁七年（1074 年）苏轼差知密州。到密州后，这一愿望仍无法实现。公元 1076 年的中秋，词人面对一轮明月，心潮起伏，于是乘酒兴正酣，挥笔写下这首名篇。

《卜算子·黄州定慧院寓居作》宋神宗元丰五年（1082 年）十二月或元丰六年（1083 年）初作于黄州，这首词是苏轼初贬黄州寓居定慧院时所作。苏轼因所谓乌台诗案，被贬为黄州团练副使，在黄州居住四年多。

（二）读诗词要知人论世，在这样的背景下，缘事而发，你读懂了什么？

范例：我读懂了苏轼无论遇到怎样的人生遭遇，都能泰然处之。

生1：我读懂了苏轼遭遇到人生大难之后，豁然从容。

生2：我读懂了苏轼被贬黄州的苦痛与欢喜，旷达与洒脱。

教师总结：

展开浩如烟海的诗卷，咏月诗词俯拾皆是，更不乏名篇佳作，或描绘其绰约妩媚的姿影，或抒发相思和离别之情，或感伤身世和流离之苦，或展现旷达潇洒之胸襟，或寄托济世报国之壮志，或是借以抒发对宇宙、社会人生的思考。千百年来，我们中国人之所以对月亮情有独钟，不仅因为这轮月亮超越了时空的限制，还因为古代的文人墨客们赋予了月亮无与伦比的人文内涵，让我们产生了无限的遐想，对此，而苏东坡功不可没。

四、作业设计

1. 近一个月读《苏东坡传》，阅读课进行分享。

2. 背诵《水调歌头·明月几时有》《卜算子·黄州定慧院寓居作》。

五、课堂评价（通过这节课学习，我们给自己一个评价吧）

评价内容	评价等级			评价目的
	优（5）	良（4）	中（3）	
我能认真听老师讲课，听同学发言。				能否认真专注
遇到我会回答的问题都主动举手了。				能否主动参与
我能积极参与小组讨论活动，能与他人合作。				能否善于合作
善于思考，并能有条理地表达自己不同的看法。				能否独立思考
我能常得到老师的表扬、同学的赞赏。				是否欣赏自我
我在学习的过程中感到快乐。				是否兴趣浓厚
得分				

六、板书设计

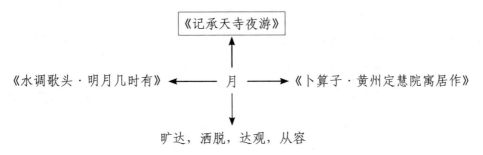

《记承天寺夜游》

《水调歌头·明月几时有》 ← 月 → 《卜算子·黄州定慧院寓居作》

旷达，洒脱，达观，从容

【教学反思】

一、群文阅读教学

群文阅读的出现，以其灵动性赋予了普通一线教师"编者"的身份，让其拥有了选择的自由与责任，也在倒逼教师向上成长。群文阅读对语文教师课堂教学提出了巨大的挑战。课堂上，如果要让学生读一组文章，就意味着教师要去读更多的文章，如何选择并组织阅读材料，非常考验一个老师的智慧。学生存在的问题是一篇都不知如何来读，何况多篇？因此议题的选择和学习任务的设定尤其重要，课堂教学的点不能面面俱到，要有"一课一得"的理念。

二、支架式教学

这篇教学设计采用支架式教学方法，帮助学生更好地解读文本，促使学生对苏东坡有了由浅入深的认识。

搭建支架：本篇课文搭建有问题支架，通过学生对问题的探索，既掌握了相关知识，还有助于学生的自我表达。例如：在《水调歌头·明月几时有》和《卜算子·黄州定慧院寓居作》中设置的问题为：这一轮明月触动了苏东坡怎样的情感和思绪呢？学生根据这个问题支架，深入研读文本，感悟作者的人生态度。

进入情境：在群文教学中，将学生带入苏轼写月的各个情境，有助于学生结合不同的情境理解文本，体会作者构建的艺术世界。例如：三首词背景不同却又有其相同点，缘事而发，你读懂了什么？学生在知人论世的情境下，对苏轼有很多的理解，所以表达的异彩纷呈。

独立探索：学生群文阅读时进行归纳总结，文本解读时进行知识的拓展与迁移，感受苏轼词作巨大的精神张力和生命的华美。

协作学习：以学习任务为抓手，搭建小组合作平台，通过"对比求异"的思维方式，深入领悟东坡词作的魅力，真正走进文本，走进作者。

效果评价：学生在研读、迁移、拓展的基础上，对自我学习过程进行评价，有助于学生自我认识与评判。

（设计者：西宁市第七中学　徐丽）

举手投足见真情

《背影》《离别》《一个人的麦田》群文阅读

【教材分析】

《背影》是八年级上册第四单元一篇教读课文，是写人记事散文的典范，具有很高的文学价值，其写法与语言很有特色，值得反复欣赏品析。教学此单元，要让学生反复朗读课文，感知课文内容，体会文章表达的情感，理解作者对生活的感悟和思考，丰富自己的精神世界。品味、欣赏各具特色的语言，培养对散文语言的赏析能力。教师要让学生在阅读赏析中感受和体会散文类型的特点，自行总结概括。本节课就以《背影》为例，总结写人记事散文的阅读方法与技巧，引导学生阅读课外散文《离别》和《一个人的麦田》，既要指导学生学习这一篇，又要注意引导学生关注这一类的文章，并利用课堂练笔，强化认知，巩固基础，从而提升学生的能力与素养。

【学情分析】

写人记事散文学生从小学时就常常接触，但是让学生深入细致地理解文章的表情达意是个难点。教师在教学中引导学生联系生活的实际，让学生多读、多品、多思、多悟、多总结，在阅读的关键阶段适时点拨，帮助学生深入阅读，并且让学生利用总结的学习方法，内引外联，拓展阅读，培养学生对写人记事散文的鉴赏能力，训练学生写人记事表情达意的写作能力。

【教学目标】

1.归纳《背影》中作者表情达意的方法。

2.运用学到的方法自主阅读课外材料，品味作者是如何表情达意的，体会平淡而又有味的亲情。

3.写作练习，学习运用表情达意的方法。

【教学重点】

1.归纳《背影》中作者表情达意的方法。

2.在阅读中体会平淡而又有味的亲情。

【教学难点】

1.运用学到的方法自主阅读课外材料上的文章，品味作者是如何表情达意的。

2.写作练习，学习运用表情达意的方法。

【教学课时】两课时

第一课时

【课时目标】

1.学习《背影》中表情达意的方法。

2.在阅读中感受平淡而有味的亲情。

【教学过程】

一、新课导入话真情

朱自清的《背影》不知触动了多少孩子的思亲之情。今天，我们随着朱自清的目光望向这位平凡父亲的背影，一起去感悟这段深厚的父子之情。

二、生活小事见真情

任务一：三读课文，走入文章的布局内，走入文章的故事中，走入文章的真情里。

1.轻声地朗读课文，感受"背影"的动人故事；朗读结束，请用简洁的语言说说文章讲了哪些事？（教师适时点拨）

2.动情地朗读课文，感受"背影"的感人之处；朗读结束，请你说说文章哪个地方让你感动，为什么？（学生各抒己见）

3.有感情地朗读课文，感受"背影"的文中作用；朗读结束，请你谈谈"背影"在文中的作用。

教师点拨：

从结构看，"背影"是文章的线索，是"我"情感变化的转折点。

从内容看，"背影"是父爱的象征点，是父子之情的交会点，是父子之情改善的触发点。

过渡：朱自清用质朴而又典雅、匀净而又细腻的语言，淡淡地诉说出了父子之间的深情厚谊，那么他是如何做到的呢？请同学们谈谈自己的看法。

三、举手投足表真情

教师方法指导：

1.朱自清通过人物描写表情达意。

人物描写：语言、动作、神态、肖像、心理

2.朱自清通过写作手法表情达意。

写作手法：是人们在写作过程中运用语言文字表现文章内容的基本形式。

常见的有：修辞手法、抑扬结合、叙议结合、情景交融、衬托对比、伏笔铺垫、托物言志等。

3.朱自清通过借用"道具"表情达意。

"道具"：月台、紫毛大衣、橘子、背影、眼泪、筷子……

任务二：四读课文，找出《背影》中运用人物描写、写作手法、借用"道具"之处，找到一处即可，小组交流，用下面的句式说话。

1.我找到第几段的_____这一句，是_____描写，从句中的_____这些词语中，表达了谁的_____的情感。

2.我找到第几段的_____这一句，是_____写法，从句中的_____这些词语中，表达了谁的_____的情感。

3.我找到第几段的_____这一句，借用_____这一事物，从句中的_____这些词语中，表达了谁的_____的情感。

提示：表述要指向明确，表达要清晰，语言要凝练简洁。

任务三：表情达意有什么妙招呢？学生小组合作总结方法：

1.可用人物描写方法细致描绘；

2.可用多种写作手法巧妙雕琢；

3.创设情境借用"道具"带入情感。

教师小结：穿着深青布棉袍、黑布大马褂的父亲，吃力地爬下月台（人物描写），抱着朱红的橘子（借用事物），怀着炽热的爱子之心，远远地向我们走来，一句简单的叮咛，像极了我们自己的父母（情感延伸）。这样的亲情每天我们都能感受到，这样的感动太多太多。

四、字斟词酌品真情

任务四：找出文中反复出现、含情的词语，反复朗读，并谈谈你读出了什么情？

例如：两个"唉"，三个"爬"，三次"嘱"，四个"终于"……

（学生畅所欲言，教师适时点拨）

教师小结：《背影》的抒情语言，是平实语言与高雅语言的融合。再次轻轻地读《背影》吧，让这美好动情的语言沁入我们的心灵。

五、群文阅读寻真情（作业）

1. 阅读课外文本林非的《离别》和洛水的《一个人的麦田》，根据今天学习到的方法，对两篇文章进行赏析批注。

2. 想想父亲或母亲做过哪些事感动了你，每件事用一句话简要概括，不超过50个字。至少概括两件事。

六、教学板书

表　　人物描写　　写作手法　　达

创设情境　　借用"道具"

情　　　　　　　意

第二课时

【课时目标】

1. 运用《背影》中学到的表情达意的方法自主阅读课外材料，品味作者是如何表情达意的。

2. 写作练习，学习运用表情达意的方法。

【教学过程】

一、回顾旧知话真情

穿着深青布棉袍、黑布大马褂的父亲，吃力地爬下月台（人物描写），抱着朱红的橘子（借用事物），怀着炽热的爱子之心，远远地向我们走来，一句简单的叮咛，像极了我们自己的父母（情感延伸）。这样的亲情每天我们都能感受到，这样的文章太多太多。接下来我们再去两篇文章中寻找平淡而有味的亲情。

二、群文阅读寻真情

昨天两篇文章你读了几遍？分别从哪些方面进行了批注？按照上节课的学习流程自主学习。（板书学习流程）

任务一：课堂中，再分别默读一遍吧。根据老师的问题，找到你相应的批注，小组之间谈谈你的看法。

（一）《离别》和《一个人的麦田》分别讲了什么故事？

教师点拨：

《离别》："我"与妻子送儿子出国留学的不舍、伤感与牵挂。

《一个人的麦田》：勤劳的父亲为了生活每天在麦田中劳动，无暇顾及我的学习，我在高考前夕的一次帮农中，理解了父亲，并通过努力实现了父亲的期望。

（二）谈谈两篇文章最让你感动的地方，说说原因。（学生各抒己见）

（三）说说两篇文章题目的作用。

教师点拨：

"离别"点明文章主要事件；设置悬念，引起读者的阅读兴趣。

"一个人的麦田"一语双关，既指父亲一个人在麦田中辛苦劳作，又指我一个人准备高考，独自学习奋斗。象征着我与父亲同样为了生活与希望努力奋斗。

三、圈点勾画品真情

任务二：请同学们再次阅读《离别》和《一个人的麦田》两篇文章。在文中圈点勾画，运用上节课学到的表情达意妙招完成表格，小组交流。

《离别》			
方法	句子	词语	表情达意
人物描写			
写作手法			
创设情境			
借助"道具"			
我的发现：			

《一个人的麦田》

方法	句子	词语	表情达意
人物描写			
写作手法			
创设情境			
借助"道具"			
我的发现：			

提示：你可以发现在《背影》一文中没有用到的其他方法，如修辞手法等，大胆地说说作者是如何表情达意的。注意表述要指向明确，表达要清晰，语言要凝练简洁。

教师小结：我们无法选择自己的出身，但是我们可以选择如何爱我们的父母，因为他们总是给予我们无穷无尽的、不求回报的爱，选一种方式去爱他们吧，说两句贴心的话，帮他们倒杯茶，认真努力的学习，你就会收获最大幸福！你和父母有过难忘的瞬间吗？你用心感受过这种平淡的幸福吗？

四、一句一段写真情

任务三：请同学们用学到的方法，写下你与父亲或母亲的感动瞬间，用平凡而有味的语言表情达意。全班分享展示。

提示：结合上一课时作业2，抓住一个点或一瞬间，运用学到的妙招，用人物描写方法细致描绘；用多种写作手法巧妙雕琢；用线索或者事物带入情感。

五、畅所欲言谈收获

学生谈谈这两节课的收获。

教师小结：同学们，人间处处见真情，生活事事有真意。用心去数数父母的头上增添了几根白发，去看看父母的眼角增添了几丝皱纹，去摸摸父母的双手增添了几分粗糙，去听听父母的唠叨增添了几多无奈。不要以为叛逆就是长大，那是你亲手挖掘的横在你与父母之间的鸿沟，静下心来用心去享受、珍惜爱吧，因为在不久的将来，你将离开他们，展翅翱翔！

六、妙笔生花诉真情（作业）

以《平凡的幸福》为题，将感动的瞬间扩展为一篇不少于600字的作文。

七、板书设计

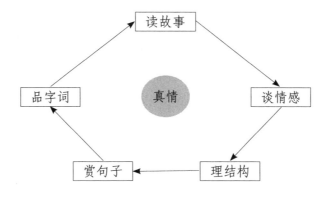

【教学反思】

一、群文阅读教学

利用群文阅读进行文学欣赏与感悟的训练是非常必要的。这不仅能培养学生的阅读能力，还能提升学生的写作能力。本节课以教材《背影》为载体，教授学生表情达意的写作手法，以课外阅读《离别》《一个人的麦田》为阅读拓展让学生进一步掌握表情达意的写作手法。借助课内文本，挖掘语文知识：如何利用多种写作手法（描写方法、修辞手法、借物抒情等）表情达意。借助课外类文，完成知识渗透：体会多种写作手法表情达意的作用。最后学生利用多种写作手法完成作文。实现利用群文阅读教授学习方法、掌握学习方法、积累学习方法、运用学习方法的目的，从而提升学生语文学习能力。

二、支架式教学

本节课学习的主题——写人记事散文表情达意的方法赏析。以学过的《背影》为范例支架，用教读课上获得的阅读方法，自读《离别》《一个人的麦田》，提炼写作手法后进行表情达意的写作训练，进行以读促读、以读促写的能力训练。利用"问题支架"引导学生归纳总结，获得阅读写人记事这一类散文的方法，让学生品读此类文章有法可依。在整个教学环节中学生对人物描写、修辞手法、借物抒情等常用的写作方法掌握较好，但是不能够深入挖掘，对于细节描写体会也不够深刻，教师及时搭建建议支架，学生在教师的建议下，走入文本深处，体验到作者的情感，实现情感的共鸣。

（设计者：西宁市青藏铁路花园学校　申玉瑜）

走进文化遗产　领略中国智慧

《苏州园林》《苏州园林甲天下（节选）》
《故宫博物院（节选）》群文阅读

【教材分析】

八年级上册第五单元是事物说明文单元。本单元的语文能力教学目标是：把握说明文的文体特征；了解常见的说明方法；学会抓住特征来说明事物；体会说明文语言的准确、周密，增强思维的条理性与严密性。《苏州园林》是本单元的经典讲读篇目，是著名作家叶圣陶的代表作之一。作者从游览者的角度，概括出数量众多、各具匠心的苏州园林的共同特点，进而从多方面进行说明。《苏州园林甲天下（节选）》介绍了几处著名的苏州园林及其特点，《故宫博物院（节选）》主要介绍故宫的布局及其特点。借助这三篇文章，开展说明文群文阅读教学，既可以引导学生了解说明文的特点，也可以让学生体会苏州园林及故宫的美，激发热爱祖国灿烂文化的感情。

【学情分析】

《苏州园林》是八年级上册第五单元中的第二篇文章，这个单元初中学生刚刚接触说明文，虽然有了前一课《中国石拱桥》做铺垫，但学生对说明文的知识点掌握得还不够牢固。《义务教育语文课程标准（2022年版）》第四学段的学段目标中要求"能扩大阅读范围，阅读说明性文章，能获取主要信息。广泛阅读各种类型的读物，课外阅读总量不少于260万字。"因此，教学设计的第一课时主要带领学生分析学习《苏州园林》中说明对象的特点、说明的顺序、说明方法及其作用、说明文的语言特点，领略苏州园林之美。考虑到班级绝大多数学生没有去过苏州园林，我有意插入了苏州园林的短视频，以增强学生的感性认识。教学过程中充分培养学生的合作探究能力，体现学生的主体地位。第二课时主要引领学生学习《苏州园林甲天下（节选）》《故宫博物院（节选）》，引导学生巩固说明文知识点。在品读时，采用先学后教的方式，给学生充足的阅读时间让学生先感后悟，合作交流，最后加强写作训练。读写结合既帮助学生提高阅读能力、分析能力、筛选信息的能力及写作等能力，也让学生更加深入地感受我国园林与建筑艺术之美。

【教学目标】

1. 整体感知课文内容，明确说明对象及特征，理清说明顺序，把握说明方法及其作用，体会说明文语言的特点。

2. 借助教师提供的课外阅读材料《苏州园林甲天下(节选)》及《故宫博物院(节选)》两篇文章，巩固说明文相关的知识，仿写推荐语，提高阅读能力、分析能力、筛选信息的能力及写作等能力。

3. 领会园林设计者和建造师的独特审美意趣，理解作者对他们的赞叹之情，激发对园林文化和建筑艺术的兴趣。

【教学重点】

明确说明对象及特征，理清说明顺序，把握说明方法及其作用，体会说明文语言的特点。

【教学难点】仿写推荐语

【教学课时】两课时

第一课时

【课时目标】

1. 整体感知课文内容，明确说明对象及特征。

2. 理清说明顺序，把握说明方法及其作用，体会说明文语言的特点。

【教学过程】

一、导入

"上有天堂，下有苏杭。"苏杭之美，山清水秀，人杰地灵。而苏杭美景之最，还在于园林艺术之美。今天，就让我们一起欣赏短视频，领略叶圣陶笔下的苏州园林之美吧！

二、检查预习

（一）作者简介

（二）字词积累

（三）回顾说明文知识点

三、阅读《苏州园林》，完成下面的任务

（一）独立完成我最棒

速读课文，找出文中最能概括苏州园林共同点的句子。

（二）集思广益共探讨

再读课文，小组合作，说说作者是从哪些方面介绍苏州园林的，文章结构上有什么特点。学生讨论后，教师引导学生共同梳理课文内容和结构层次。

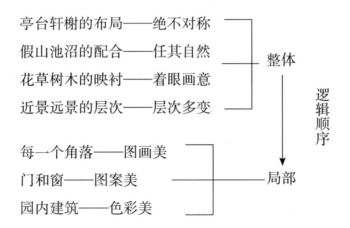

（三）回顾知识再巩固

1. 回顾说明方法，补充思维导图。

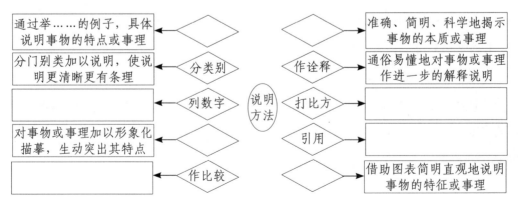

2．学生小组合作分析下列语句运用的说明方法及作用，教师巡回指导，记录问题，归纳总结，强调易错点。

（1）苏州园林据说有一百多处，我到过的不过十多处。

（2）苏州园林与北京的园林不同，极少使用彩绘。

（3）有几个园里有古老的藤萝，盘曲嶙峋的枝干就是一幅好画。

（4）高树与低树俯仰生姿，落叶树与常绿树相间，花时不同的多种花树相间，这就一年四季不感到寂寞。

（四）合作交流同品味

同桌两人细读下列语句，共同品味句中词语的表达效果，体会说明文的语言特点。教师巡回指导，提醒学生关注表示时间、空间、数量、范围、程度、特征、性质、程序等的词语，及时引导，纠错点拨。

1．苏州园林据说有一百多处，我到过的不过十多处。

2．我国的建筑，从古代的宫殿到近代的一般住房，绝大部分是对称的，左边怎么样，右边也怎么样。

（五）课堂小结不能少

本文开篇概括了苏州园林的总特点，即"务必使游览者无论站在哪个点上，眼前总是一幅完美的图画"，为了突出这一点，作者先后用了四个"讲究"和三个"注意"，按照逻辑顺序，运用大量说明方法和准确生动的语言，来详说苏州园林的特点，表达了作者对苏州园林的喜爱和对我国园林艺术的赞美之情。

（六）课后作业要落实

1．请同学们结合今天所学的知识，课下阅读老师发放的学习材料《苏州园林甲天下（节选）》和《故宫博物院（节选）》，在文章上圈点勾画，采用摘录、理解和分析的方式完成表格。

2．课下准备与苏州园林相关的图片、音频、视频、文字等素材，为下节课推荐语展示做准备。

篇目	说明方法及作用	说明语言及作用
《苏州园林甲天下（节选）》	1. 摘录语句及分析： 2. 摘录语句及分析： 3. 摘录语句及分析：	1. 摘录语句及分析： 2. 摘录语句及分析： 3. 摘录语句及分析：
《故宫博物院（节选）》	1. 摘录语句及分析： 2. 摘录语句及分析： 3. 摘录语句及分析：	1. 摘录语句及分析： 2. 摘录语句及分析： 3. 摘录语句及分析：

第二课时

【课时目标】

1. 群文阅读，学以致用，仿写推荐语，提高阅读能力、分析能力、筛选信息的能力及写作等能力。

2. 领会园林设计者和建造师的独特审美意趣，理解作者对他们的赞叹之情，激发对园林文化和建筑艺术的兴趣。

【教学过程】

一、导入

苏州古典园林中的拙政园、留园、沧浪亭、狮子林等，不仅是我国的艺术文化瑰宝，还被列为世界文化遗产。上节课我们了解了苏州园林的特点，明确了文章的说明顺序、说明方法和说明文语言的特点，接下来我们阅读《苏州园林甲天下（节选）》《故宫博物院（节选）》两篇文章，进一步巩固说明文的知识点，同时深入感受我国园林艺术与建筑艺术之美。

二、完善作业——改一改

阅读《苏州园林甲天下（节选）》《故宫博物院（节选）》两篇文章，然后小组合作交流，由组长组织小组成员共同修改各自的作业，补充、完善表格中的内容。

教师巡回指导，将学生们的问题记录、汇总，然后强调重要知识点，提醒学生应关注什么，指导学生突破重点。

三、形成成果——展一展

各小组选出本组的优秀作业，请组长代表本小组解说，借助投影仪等工具，将学习成果展示给全班同学。

四、众说纷纭——评一评

各组展示出学习成果后，请其它小组及老师按照《学习成果评价表》进行评价。

学习成果评价表	小组名称：			
	内容	标准	组间互评	教师评价
	知识掌握	摘抄认真，书写工整（25分）		
		分析准确，表达规范（25分）		
	合作能力	全员参与，分工明确（25分）		
		组织有序，成效显著（25分）		
	总分			
	最终得分			

说明：
1. 最终得分为两个分数相加的总和，除以2后得到的平均分。
2. 根据最后得分取前三名，前三名将获得下次比赛优先选择出赛顺序的权利。

五、读写结合——赛一赛

请同学们仿照下面的《苏州园林甲天下（节选）》推荐语，为课文《苏州园林》设计一段推荐语，200字左右。

《苏州园林甲天下（节选）》推荐语

文章选取苏州的四大名园作为说明对象，结构上采用总分式，按照时间顺序，运用举例子、列数字等说明方法，突出了四大园林历史悠久、善于借景、设计精巧、内容丰富等特点。文章还以生动的语言来描绘景物，如对狮子林中假山的描写，让人真切地感受到什么是如林的假山，如林的狮子，真是名副其实的"狮子林"。苏州园林不愧是中华园林文化的翘楚和骄傲，更是世界文化遗产中的瑰宝。

写好作品后在小组内交流讨论，选出较好的一篇，每位成员提出修改建议，由组长执笔修改，然后在全班展示，展示形式自选，如借助音频、视频、图片、幻灯片、微视频等，请其它小组及老师按照《推荐语展示评比表》进行评价。

推荐语展示评比表

组名：	作品名称：	
评价内容	组间互评	教师评价
中心明确，知识准确（25分）		
语言生动，表达流畅（25分）		
资源丰富，形式新颖（25分）		
分工明确、全员参与（25分）		
总分		
最终得分及等级		

说明：
1. 最终得分为"组间互评"与"教师评价"得分相加除以2后得到的平均分。80分以上为优秀，70—79分为良好，70分以下为合格，60分以下不合格。
2. 评为优秀的作品，上传至班级微信群，供大家参考学习。

六、课后巩固——读一读

运用阅读说明文的基本方法，阅读课外材料《万里长城》，分析这篇文章的说明方法和说明文语言的特点，在这篇文章上做批注。

七、课堂总结

这堂群文阅读课我们走进了中国的文化遗产，领略了中国智慧。不仅巩固了说明文知识，还让我们深切地感受到了我国古代劳动人民的聪明才智，他们创造了我国园林及建筑史上的奇迹。人类拥有强大的创造力，人类的智慧是无穷的。在今后的学习中，我们也要善于运用自己的智慧去解决难题，用多种多样的方式，在书山攀登，在学海遨游。

八、板书设计

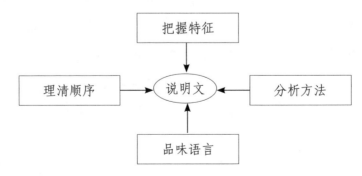

【教学反思】

一、群文阅读教学

在群文阅读教学中，先带领学生走进说明文，通过《苏州园林》学习筛选信息，理清顺序，体会语言，把握说明方法。然后深入说明文的学习，通过类文比读，引领学生阅读了《苏州园林甲天下（节选）》和《故宫博物院（节选）》两篇文章，巩固说明文相关的知识，提高阅读能力。最后走出说明文，通过仿写推荐语，以读促写，学以致用。

在教学中本人积极引导，充分调动学生自主学习的积极性，落实"少教多学"的教学理念。学生在教师设计的丰富多彩的听、说、读、写活动中，体会到说明文学习的趣味。运用群文阅读教学的方式，有利于学生更深入地理解课本内容，养成良好的阅读习惯，使学生的阅读理解、鉴赏评价、合作探究、写作等能力都得到了相应的提高。

二、支架式教学

在群文阅读教学时，为学生搭建图表支架，开展对多篇文本的独立探索，有利于提高学生的阅读分析能力。因此在第一课时布置表格作业，要求学生拓展阅读另外两篇说明文，在文章上圈点勾画，采用摘录、理解和分析的方式完成表格。表格不仅能直观地展示学习内容，还能对多篇文本进行清晰地对比，有利于学生群文学习系统化。

好的范例会对学生的学习起到引导作用。在教学中，以《苏州园林》为范例，教师带领学生学习了说明文相关知识。在群文阅读学习新知识时，为学生搭建的范例支架，给学生提供了参考和借鉴，让学生受到启发，顺利地完成群文学习任务。

本教学设计突出支架式教学的特点。首先，围绕"走进文化遗产，领略中国智慧"搭建支架，为学生提供的支架种类颇多，如范例支架、问题支架、图表支架、情境支架等。其次，体现"由扶到放"的教学过程，学生在学习了说明文的相关知识后，本人撤去范例支架，设置图表支架，学生在教师的引导下，阅读说明文的能力逐步提升。最后，是实现"由师到生"的责任转移。学生依靠自主学习和合作探究，解决问题，获得新知。

（设计者：西宁市第一中学　赵蕾）

【链接材料】

万里长城

中国万里长城是世界上修建时间最长、工程量最大的国家军事性防御工程，凝聚着我们祖先的血汗和智慧，是中华民族的象征和骄傲。

雄伟的万里长城是中国古代人民创造的世界奇迹之一，也是人类文明史上的一座丰碑。根据历史记载，从战国以来，有20多个诸侯国和封建王朝修筑过长城。最早是楚国，为防御北方游牧民族或敌国，开始营建长城，随后齐、燕、魏、赵、秦等国基于相同的目的也开始修筑自己的长城。秦统一六国后，秦始皇派著名大将蒙恬北伐匈奴，把各国长城连起来，西起临姚，东至辽东，绵延万余里，遂称万里长城，这就是"万里长城"名字的由来。但今天我们所见到的主要是明长城。

秦长城只有遗迹残存。秦始皇为了修筑长城动用了30万人，创造了人类建筑史上的奇迹。长城的修建客观上起到了防止匈奴南侵，保护中原经济文化发展的积极作用。孙中山先生曾评价："始皇虽无道，而长城之有功于后世，实与大禹治水等。"

汉代继续对长城进行修建。从文帝到宣帝，修成了一条西起大宛贰师城，东至黑龙江北岸，全长近10000千米的长城，古丝绸之路有一半的路程就沿着这条长城，是历史上最长的长城。到了明代，为了防御鞑靼、瓦剌族的侵扰，从没间断过长城的修建，从洪武至万历，其间经过20次大规模的修建，筑起了一条西起甘肃的嘉峪关，东止辽东虎山，全长6350千米的边墙。

长城有极高的旅游观光价值和历史文化意义。现在经过精心开发修复，山海关、居庸关、八达岭、司马台、慕田峪、嘉峪关等处已成为驰名中外的旅游胜地。我们登高远眺，古战场的金戈铁马似乎就在眼前。如今，长城与埃及的金字塔、罗马的斗兽场、意大利的比萨斜塔等一起，被誉为世界七大奇迹。长城是中华民族古老文化的智慧结晶，象征着中华民族的血脉相承和民族精神。

聆听久远诗韵　寻找最美爱情

《关雎》《静女》《采葛》《子衿》群文阅读

【教材分析】

本课选自教材八年级下册第三单元,这个单元所选古文,有的记游,有的状物,有的抒情。《诗经》又名《诗三百》,是我国的第一部诗歌总集。《诗经》多是四言诗,隔句押韵,重章叠句,反复咏唱,富有音乐美和节奏感,是中国诗歌创作的源头,对中国诗歌发展有着重大的影响。《关雎》是《诗经》第一篇,是爱情诗的开山之作。本课的"窗口"作用显而易见,孔子评价《关雎》"乐而不淫,哀而不伤"。通过《关雎》这个"窗口",学习诗经中其他爱情诗歌《静女》《采葛》《子衿》,以此打通学生了解《诗经》、学习《诗经》的道路。

【学情分析】

八年级学生通过两年的初中生活,已经有了一定的古诗文阅读基础,已具备较好的古诗文学习能力(形成较为稳定的学习习惯),有自己的情感体验,敢于表达自己的看法,敢于创新,敢于展现自我。尽管《诗经》中有些诗句耳熟能详,但对于八年级的学生来说,真正理解起来却并非易事。他们已经对"爱情"产生了朦朦胧胧的认识,他们对于爱情诗的学习既渴望又羞怯,他们怀揣对爱情的美好憧憬,也对爱情诗表现出极大的兴趣,可以通过《诗经》引导他们建立正确的爱情观。

【教学目标】

1. 熟记本课生难字音、字形;积累常见的文言实词;识记有关《诗经》的文学常识。

2. 反复朗读,学习《关雎》赋、比、兴的艺术表现手法和重章叠句的特点,体会它们的表达效果。

3.用学习《关雎》的方法，学习《静女》《采葛》《子衿》三首诗歌，理解《诗经》赋、比、兴的艺术表现手法和重章叠句的特点，体会它们的表达效果。

4.认识古代人民对美好爱情的朴素追求和向往。

【教学重点及难点】

教学重点：反复朗读，体会《关雎》赋、比、兴的艺术表现手法和重章叠句的特点，体会它们的表达效果。

教学难点：认识古代人民对美好爱情的朴素追求和向往。

【教学课时】两课时

第一课时

【课时目标】

1.熟记本课生难字音、字形；积累常见的文言实词；识记有关《诗经》的文学常识。

2.反复朗读，学习《关雎》赋、比、兴的艺术表现手法和重章叠句的特点，体会它们的表达效果。

【教学过程】

一、情境导入，话说爱情

今天老师想和同学们谈论一个轻松的话题，你们平时都聊爱情吗？地老天荒，海枯石烂，由爱情演绎的故事是那样的惊心动魄。你们知道有哪些动人的爱情故事呢？（梁山伯与祝英台、许仙和白娘子、牛郎和织女、唐明皇和杨玉环、罗密欧与朱丽叶……）

是啊，因为爱情，卓文君奔向了司马相如；因为爱情，孟姜女哭倒了长城；因为爱情，林黛玉含恨焚诗稿……爱情就像一首永不落幕的千古绝唱，成为文学作品永恒的主题。关于爱情方面的文化启蒙，首数《诗经》，今天我们就走进《诗经》，去感受我们的祖先深沉而热烈的爱情。

二、反复朗读，感受诗韵

（一）自读课文（读准字音和节奏，四言诗一般二二断开）

（二）女生再读课文（教师随时根据情况指导朗读）

（三）疏通诗意，感受画面之美

（四）指名朗读诗歌，教师指导

（五）全班再读诗歌

三、分析特点，体会韵味

关关 / 雎鸠，在河 / 之洲。窈窕 / 淑女，<u>君子 / 好逑</u>。

参差 / 荇菜，左右 / 流之。窈窕 / 淑女，<u>寤寐 / 求之</u>。

求之 / 不得，寤寐 / 思服。悠哉 / 悠哉，<u>辗转 / 反侧</u>。

参差 / 荇菜，左右 / 采之。窈窕 / 淑女，<u>琴瑟 / 友之</u>。

参差 / 荇菜，左右 / 芼之。窈窕 / 淑女，<u>钟鼓 / 乐之</u>。

右侧的划线部分叙述了一个完整的故事，这在《诗经》里叫"赋"，现代汉语叫"记叙"。

（一）诗歌的主要人物是君子和淑女,和"关关雎鸠,在河之洲"有什么关系?（用了什么修辞手法？）

比，比喻。雎鸠鸟成双成对地鸣叫，比喻君子和淑女是美好的一对。这层意思比较好理解，"关关雎鸠，在河之洲"这句在全文中起什么作用呢？

兴，兴发。引出下文。（民歌中的基本手法，民歌多是在野外歌唱，然后口口相传，一个歌者在野外突然有了兴致，总是先唱点别的，为什么呢？给远方的听者提个醒，我要唱了，你注意听。）"兴"往往没有实在意义，可以和所咏之物相关，也可以不相关。

（二）参差 / 荇菜，左右 / 流之。参差 / 荇菜，左右 / 采之。参差 / 荇菜，左右 / 芼之

观察一下这几句有什么特点？句数相等，而且语言几乎完全相同，中间只变了一个字，这叫什么呢？

初一的时候学过："不闻爷娘唤女声，但闻黄河流水鸣溅溅，不闻爷娘唤女声，但闻燕山胡骑鸣啾啾。"两个字来说就是"复沓"，四个字就是"重章叠句"。重章叠句形式的运用，对深化意境、渲染气氛、强化感情、突出主题都起到了很重要的作用。同时，它还有效地增强了诗歌的节奏感、音乐感，形成了一种回环往复的美，带给人一种委婉而深长的韵味。

四、作业布置

有感情地背诵《关雎》，可以读给爸爸妈妈听，也可以录成音频和同学分享。

第二课时

【课时目标】

1.反复朗读，学习《诗经》赋、比、兴的艺术表现手法，感受重章叠句的特点，体会它们的表达效果。

2.认识古代人民对美好爱情的朴素追求和向往。

【教学过程】

一、走近《诗经》

《诗经》是我国最早的一部诗歌总集，被儒家列为经典之一，收录了从西周到春秋时期的305篇诗歌，分为"风""雅""颂"三个部分。"风"又叫"国风"，是各地的民歌民谣，共160篇，是《诗经》中的精华。"雅"是正统的宫廷乐歌，用于宴会的典礼，共105篇。"颂"是祭祀乐歌，用于宫廷宗庙祭祀，现存共40篇。

《关雎》放在《诗经》第一首的原因：孔子评价其"乐而不淫，哀而不伤。"

二、群文阅读

（一）阅读诗歌，了解诗意

每组推荐一名同学用优美的语言描述诗歌内容。

静女[①]

静女其姝[②]我于城隅[③]。爱[④]而不见，搔首踟蹰[⑤]。

静女其娈[⑥]，贻[⑦]我彤管[⑧]。彤管有炜[⑨]，说怿[⑩]女美。

自牧[⑪]归[⑫]荑[⑬]，洵[⑭]美且异[⑮]。匪[⑯]女之为美，美人之贻[⑰]。

注释：①静女：文静的姑娘。姝（shū）：美好。②俟，等待，此处指约好地方等待。③城隅（yú）：城角隐蔽处。④爱："薆"的假借字。隐蔽，躲藏。⑤踟蹰（chí chú）：徘徊不定。⑥娈（luán）：美好的样子。⑦贻（yí）：赠。⑧彤管：红管草。⑨炜（wěi）：鲜明的样子。⑩说怿（yuè yì）：喜爱。⑪牧：野外。⑫归（kuì）：借作"馈"，赠。⑬荑（tí）：初生的白茅。⑭洵（xún）美且异：确实美得特别。洵：实在，诚然。⑮异：特殊。⑯匪：非。⑰贻：赠与。

采葛①

彼采葛兮，一日不见，如三月兮！

彼采萧②兮，一日不见，如三秋③兮！

彼采艾④兮！一日不见，如三岁兮！

注释：①葛（gé）：一种蔓生植物，块根可食，茎可制纤维。②萧：植物名。蒿的一种，即青蒿。有香气，古时用于祭祀。③三秋：通常一秋为一年，后又有专指秋三月的用法。这里三秋长于三月，短于三年，义同三季，九个月。④艾：植物名，菊科植物，可制艾绒灸病。

子衿

青青子衿①，悠悠我心。纵我不往，子宁不嗣音②？

青青子佩③，悠悠我思。纵我不往，子宁不来？

挑兮达兮④，在城阙⑤兮。一日不见，如三月兮。

注释：①子衿：周代读书人的服装。子，男子的美称，这里即指"你"。衿：即襟，衣领。②嗣（sì）音：传音讯。③佩：这里指系佩玉的绶带。④挑（táo）兮达（tà）兮：独自走来走去的样子。⑤城阙：城门两边的观楼。

（二）自主学习，合作探究

1. 自主学习，完成图表。

我选择的诗歌	
诗歌大意	
比兴手法运用	
朗诵技巧说明	
朗诵形式	独诵　双人　合诵　轮颂　演唱……

2. 合作学习，问题探究。

（1）探讨诗歌大意（2）比兴手法运用（3）在原文中标注节奏、重音、语气、语调，说说理由。

3. 朗读竞赛，小组展示。

小组朗读评价量表

组名		完成时间	
诗歌名称	朗诵形式	语文教师赋分	其他小组赋分
评价内容	评价标准		
情感表达	深刻理解、传达诗歌的情感，能引起听众的共鸣。（10分）		
节奏停顿	能正确朗读诗歌；准确恰当把握重音、停连技巧；把握节奏、语气、语调、语速，能表现诗歌内容和情感变化。（10分）		
动作姿态	能自然得体地朗诵，较好地运用动作、手势、表情，更好地传达诗歌内容和情感。（10分）		
配乐道具	能借助适当的音乐、视频、服装等辅助手段，更好地表达诗歌内容和情感，帮助听众理解诗歌。（10分）		
说明：最终得分取小组、语文老师评分相加除以2后的平均分			
语文教师评语：			

三、交流表达

这些都是三千年前的恋歌，至今还是那么鲜艳与妩媚。高贵的思念，含蓄的表达，记录的都是最热烈的爱情。通过今天的学习你来说说你对古人的爱情观的看法。

四、课堂总结

《诗经》的吟唱是简单的，简单之中却有着那样繁复的、挥之不去的情感，这是我们民族最原始的情怀和道德表现，心灵的每一次悸动都能在《诗经》中找到诠释，最后让我们齐读《关雎》。

五、作业布置

1.阅读《诗经》中的《桃夭》《汉广》《野有蔓草》，感受古人对爱情的理解。

2.阅读丁国强《揣摩了三千年的心事》和文金《流动在〈诗经〉里的河》。

3.假期里阅读鲍鹏山、王骁的《美丽诗经》。

六、板书设计

爱　情

《关雎》　　《静女》

赋、比、兴　重章叠句

《采葛》　　《子衿》

【教学反思】

一、群文阅读教学

群文阅读的教学方式在一定程度上打破了被动接受的单向知识传递的学习方式，能增大课堂的容量。重视师生、生生之间对多个阅读文本的交流，用文本多元知识引发学生的头脑风暴。学生在短时间内高效地获得知识，这不仅可以提高学生学习的主动性，还能提高课堂教学效率。《关雎》的教学目标之一是学习赋、比、兴和重章叠句的表现手法，体会诗歌的音韵美。《关雎》还是训练朗读的好材料，在教学中做到了既要诵读更要欣赏。学生在诵读中培养语感，得到美的享受，促进学生对诗歌主旨的理解，树立正确的爱情观。《静女》《采葛》《子衿》几篇都是关于爱情的文言诗歌。在群诗教学中，《关雎》讲读，其他两首诗歌自读，学生掌握了诵读和赏析《关雎》的方法，学以致用，打开了学生阅读《诗经》的通道。此堂课把多篇文章看成一个阅读整体，设计比较性、迁移性等问题，培养学生重整、评鉴、创造等高层次的阅读能力。课堂容量大，问题多元化，学生参与度高，教学目标达成度高。

二、支架式教学

《义务教育语文课程标准（2022年版）》中提出，"语文教学应激发学生的学习兴趣，培养学生自主学习的意识和习惯""为学生创设有利于自主、合作、探究学习的环境""应尊重学生的个体差异，鼓励学生选择适合自己的学习方式"，因此在课堂上给学生提供自主学习的支架，教会他们学习的方法，从而逐步提升学生的自主探究能力。本诗是《诗经》的首篇，运用比兴和反复咏叹的手法表达思想感情，给人留下广阔的想象空间。在引导学生了解《诗经》、识记重点词句之后，围绕"诵读"和"情感"搭建了问题支架，培养学生的思维能力，引导学生和作者产生共鸣，使学生更好地体会古诗词的意境。问题支架要立足学生的最近发展区，高于或者低于学生的发展区都是没有意义的。

（设计者：西宁市第十二中学　张璐璐）

笃行大道　圆梦桃源

《桃花源记》《大道之行也》《卖炭翁》群文阅读

【教材分析】

本设计选用八年级下册第三单元《桃花源记》、第六单元《大道之行也》《卖炭翁》三课进行群文阅读基础上的支架式教学。两个单元以养性怡情、情趣与理想为单元主题。对自然美景、美好社会、幸福生活的向往与憧憬，对社会现实的描绘与反思等都是经典作品中的永恒主题。三篇文章有记事，有说理；有对理想社会的畅想追求，也有对社会现实的抨击、对民生疾苦的同情。这些文章有情趣、有理趣，也有现实意义，表现了古人的哲思和情怀。

《大道之行也》为我们构想出了"天下为公""选贤与能""讲信修睦"的理想社会模式。东晋末年，战乱频繁，人民流离失所，陶渊明在《桃花源记》中为我们描绘了人们心目中的美好社会生活。而《卖炭翁》则描绘了老百姓承受肆意剥削的现实，揭露了当时社会的黑暗，同时表现出作者对下层劳动人民的深切同情。理想与现实的强烈对比使三篇文章有了很强的联系性。通过现实和理想社会的感知，引导学生加强自身修养，为建设和谐社会而努力。

根据《义务教育语文课程标准（2022年版）》理念，聚焦中国学生发展核心素养，凸显学生主体地位，以学生核心素养发展为目的，以阅读与鉴赏、表达与交流、梳理与探究等语文实践活动为主线，融合具有时代性和典范性的文章，以学生生活为基础，以学习主题为引领、学习任务群为载体、学习支架为阶梯开展教学实践。

【学情分析】

八年级学生已经基本掌握了阅读、学习文言文的方法，也积累了一定量的文言词汇，能够借助工具书和课下注解读懂文言文。以《桃花源记》精讲为范例，引导学生运用所学文言文阅读、词汇、句式等方法自主、合作学习。引导学生借助工具书疏通《大道之行也》《卖炭翁》课文大意，然后经过反复诵读，品味语言，培养语感，领会文章的丰富内涵，并积累常用的文言词语和句式，学会古人描写、论事说理的方法。再结合三篇文章主题进行分析，从中得到思想的启迪和情感的陶冶。

【教学目标】

1. 运用《桃花源记》中学到的方法，品读《大道之行也》《卖炭翁》，感知文章内容，梳理故事情节，积累文言词汇和句式。

2. 群文阅读，理解三篇文章的情感及思想内涵。

3. 加强自身修养，为建设和谐社会而努力，担负社会责任。

【教学重点】

运用《桃花源记》中学到的方法，品读《大道之行也》《卖炭翁》，感知文章内容，梳理故事情节，积累文言词汇和句式。

【教学难点】

群文阅读，理解三篇文章的思想内涵。

【教学课时】 三课时

第一课时

【课时目标】

1. 准确流利朗读课文、翻译课文，了解有关文学常识并背诵。

2. 掌握文中重要的文言实词、虚词及古今异义现象。

3. 理清文章叙事线索，感受美、乐、奇的理想社会。

【课前任务】

预习《桃花源记》，借助工具书，结合课下注解翻译，理清故事情节。

【教学过程】

一、创设情境、激趣导入

陶渊明的诗歌成就首屈一指，他的散文创作也是成就非凡，他用一篇《桃花源记》描绘出一个如诗如画的理想国度，倾倒了后世无数的读者，现在我们就一起去赏析吧！

（一）观看《桃花源记》微视频，踏入理想世界

（二）欣赏朗诵视频，一起读文章

欣赏——自读——齐读

1.读准每一个字音。

2.注意正确断句。

3.注意语气、语调，读出感情。

设计意图：微视频带学生进入学习情境，从作者、写作背景、文言知识、思想内容等方面全面了解文章。用朗诵范例帮助学生正音纠字，学习划分朗读节奏，感悟情感，提升朗读能力。

二、疏通文意、初探桃花源

（一）小组合作，利用工具书，疏通字词，翻译全文

（二）知识积累

1.古今异义。

交通、无论、妻子、不足、绝境、鲜美、延、津

2.一词多义。

舍、志、寻

3.判断句。

南阳刘子骥，高尚士也。

南阳的刘子骥是一个品德高尚的人。

设计意图：最大限度地发挥小组合作学习的作用，在合作中学会学习，并积累文言词汇。

三、梳理探究，复探桃花源

（一）根据课文大意，分组讨论，梳理文章情节

明确：

第一部分（1自然段）开端，写渔人发现桃花林。

第二部分（2、3自然段）发展，写渔人进入桃花源的见闻和经历。

第三部分（4自然段）结局，写渔人离开桃花源。

第四部分（5自然段）尾声，又寻桃花源，后来无人问津。

（二）根据情节的概括，梳理本文线索

本文线索：渔人进出桃花源的行踪。

设计意图：梳理文章情节及线索，以小组为单位补充板书，培养学生分析、把握文章结构的能力。

四、品味研读，三探桃花源

你能用最简洁的词语概括桃花源在心中的整体印象吗？

明确：美、乐、奇的理想社会。

（一）想象桃源之美

1. 找出描写桃源外部环境和内部环境的句子，朗读并背诵。

2. 桃源风景真是美不胜收。你头脑中浮现出了怎样的画面？请你任选一个景点用下面的句式描绘：

句式：这里的……美，你看（听）……

（二）感受桃源之乐

桃花源是美丽的，也是充满欢乐的。那么，他们的乐表现在什么地方呢？

明确：表现在"黄发垂髫，并怡然自乐"，人民安居乐业、自给自足、生活没有压迫、没有战乱、社会平等。

（三）探寻桃源之奇

桃源的美丽欢乐令人神往，桃源的离奇神秘更是引人入胜。桃源奇在何处？为什么这样安排文章内容？

明确：

桃林之奇——中无杂树，芳草鲜美，落英缤纷

山洞之奇——仿佛若有光

居民之奇——不足为外人道也

结局之奇——处处志之、遂迷不复得路、欣然规往未果

神奇之处照应开头，暗示桃花源是虚构的，说明这是一个理想的社会，现实生活中没有；增强神秘色彩，使人觉得桃花源是一个似有而无、似真而幻的地方。

设计意图：注重文本的品读，让学生从景物的描写、故事的叙述中体会语言优美、描写生动的文章特点。引导学生从美、乐、奇多角度观察理想社会生活，

理解理想社会内涵，培养学生以文本为主线，分析问题解决问题的能力。

五、依图背诵，再悟桃花源

依据《桃花源记》背诵思路图，和同桌比一比背诵。

六、板书设计

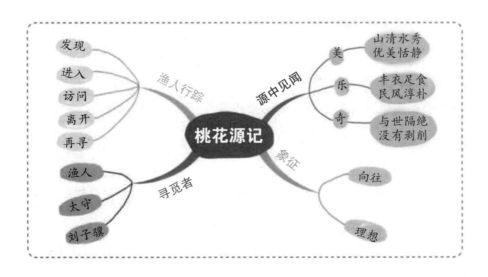

七、融汇所学，课后作业

1.基础作业：熟读《大道之行也》《卖炭翁》并制作三篇文章作者、文学常识介绍卡。

文章	作者	选自	时代背景	文章主旨
《桃花源记》				
《大道之行也》				
《卖炭翁》				

2.实践作业：借助工具书，结合课下注解翻译两篇文章。

3.挑战作业：两篇文章选其一梳理结构、情节，绘制思维导图。

第二课时

【课时目标】

运用《桃花源记》中学到的方法，小组合作学习《大道之行也》《卖炭翁》，梳理故事情节，感知文章内容，积累文言词汇和句式，品读语言。

【教学过程】

一、创设情境，激趣导入

我们学过了很多文言文，这些文章大都出自于古代的重要文献和典籍，它们记录了古代劳动人民的生活习俗和先哲博大精深的思想,因此,学好文言文很重要。

今天，我们继续学习《桃花源记》《大道之行也》《卖炭翁》。播放《大道之行也》《卖炭翁》动画微视频，从写作背景、文言知识等方面了解文章。

设计意图：带学生进入学习情境，整体感知文章，为小组合作学习做好准备。

二、学以致用，积累巩固

（一）学生分组提问，展示三篇文章的写作背景、文学常识

（二）小组合作，疏通文意，整理文言知识

（三）品读文章完成下列问题

1.《大道之行也》中，"大同社会"的基本特征是什么？是从哪些方面来说明这一特征的？（以原文为基础用自己的语言表达）

天下为公、选贤举能、讲信修睦；人人都能得到社会的关爱；人人都能安居乐业；货尽其用、人尽其力。

2.《卖炭翁》的情感基调是什么？你读到了一个怎样的卖炭翁、怎样的宫使

形象？

悲凉的基调。用外貌、心理、动作、语言描写表现出了生活艰辛、悲愤无奈、不舍绝望的卖炭翁形象和横行霸道、丑恶无耻、仗势欺人的宫使形象。

3.后人根据《桃花源记》的故事凝缩成了一个成语，这个成语是什么，试解释其含义。你还能从三篇文章中找出哪些今天还在使用的成语？

明确：世外桃源，借指不受外界影响的地方或幻想中的美好世界。

文中的成语还有豁然开朗、怡然自乐、无人问津、夜不闭户、选贤举能、天下为公……

（四）展示《大道之行也》《卖炭翁》思维导图

小组内交流补充，推选成员进行汇报，小组间、师生间点评完善。

设计意图：运用《桃花源记》中学到的梳理文章、品读语言的方法，以合作学习和教师指导的方式，学习巩固文言文知识，品味语言，梳理结构，感知人物形象，同时激发学生学习的积极性。

三、梳理思路，依图背诵

根据背诵思路图，完整、准确地背诵。（小组竞赛）

《大道之行也》背诵思路图

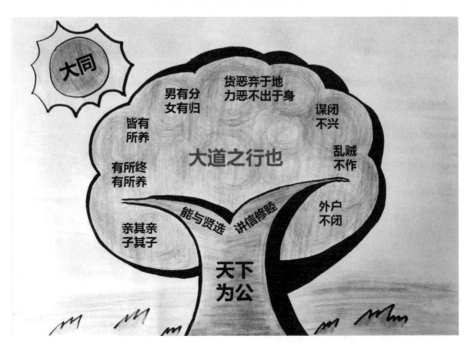

《卖炭翁》背诵思路图

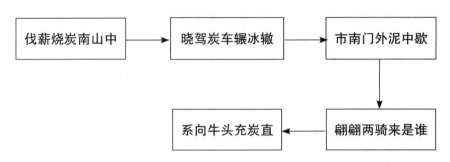

四、融汇所学、课后作业

1. 基础作业：背诵两篇文章。

2. 实践作业：针对一篇文章谈谈你的解读。

3. 挑战作业：找出三篇文章的异同点绘制思维导图。

第三课时

【课时目标】

群文阅读，理解三篇文章的主题，提高学生道德修养，培养学生为建设和谐社会而努力、担负社会责任的意识。

【教学过程】

一、创设情境，激趣导入

现实与理想的冲击、先贤圣哲对人类的伟大构想，激发后世之人对理想社会的追求。如今站在新的历史时期，作为新时代青少年的我们应该做些什么？今天继续分析三篇文章的思想内涵，相信你一定能找到答案！

二、学习探究，解读内涵

各小组自选任务，以合作学习的方式，完成学习和展示，小组间、师生间点评完善。

（一）为什么说桃花源是当时的理想社会？我们今天应当怎样评价？

讨论并归纳：作者虚构的世外桃源，是与作者所处的现实社会相对照的。这里景色优美，土地肥沃，资源丰富，风俗淳朴；这里没有压迫，没有战乱，社会平等，和平安宁，确实是当时乃至整个封建社会人民理想的世界。在当时的条件下是不可能实现的，因而它只是一种虚构，这理想在一定程度上反映了广大人民对美好社会生活的向往和美好追求。

（二）《桃花源记》与《大道之行也》描述的社会形态有什么相似之处？你是怎样看待这一社会理想的？

讨论并归纳：《桃花源记》中的"黄发垂髫，并怡然自乐"与《大道之行也》中的"使老有所终，壮有所用，幼有所长，矜、寡、孤、独、废疾者皆有所养"相似，都表现了人民因得到社会关爱而生活安宁、和乐美满幸福的景象。

前者的"阡陌交通，鸡犬相闻"与后者的"盗窃乱贼而不作"相似，都写出了和平安定的社会环境。两篇文章都反映出对美好社会的向往和追求。

（三）在当时的社会，只有这一个"卖炭翁"吗？揭露了怎样的社会现实？

讨论并归纳：这首诗以特殊事例来表现普遍状况，通过卖炭翁的遭遇，深刻揭露了"宫市"的腐败本质，对统治阶级剥削人民的罪行给予了有力的鞭挞与抨击，讽刺了当时腐败的社会现实，表达了对下层劳动人民的深切同情，也能从中感受到对理想社会的向往和追求。

（四）你认为《桃花源记》《大道之行也》《卖炭翁》的异同点是什么？展示三篇文章异同点的思维导图，小组交流。推选小组成员汇报，小组间、师生间点评完善。

讨论并归纳：《桃花源记》《大道之行也》都是作者构想的理想社会，提倡"天下为公""大同"社会的理想模式，追求自由平等的生活，也暗含了对现实社会的不满。《卖炭翁》表现对社会现实的抨击、对民生疾苦的同情，也暗含对理想社会的向往。三篇文章内涵相互交织，都表达了对理想社会的向往和追求。

设计意图：群文阅读的三篇文章有记事、有说理；有对理想社会的畅想追求、也有对社会现实的抨击、对民生疾苦的同情。经过分析比较，引导学生深入感悟文章内涵，认识每个时代都有对美好社会形态、生活的构想和追求，也为拓展延伸做铺垫。

三、思考拓展，感悟延伸

《诗经》有言："民亦劳止，汔可小康。惠此中国，以绥四方"；南宋康与之《昨梦录》也描绘"怡然自乐、计口授田、以耕以蚕、信厚和睦"的理想社会图景；梁启超说："国家之主人为谁？即一国之民是也"；周恩来说："为中华之崛起而读书"；社会主义核心价值观："富强、民主、文明、和谐、自由、平等、公正、法治、爱国、敬业、诚信、友善"……理想社会的描绘和追求一脉相承，有理想就要勇敢去追求，努力去实现。

当今社会，我们在习近平总书记的带领下承接历史，在改革开放的伟大成就基础上勾画宏伟蓝图，正昂首阔步走在中华民族伟大复兴的道路上，作为新时代的青少年，我们应该做些什么？

设计意图：在学生深入感受文章的基础上，引用从古至今的经典语录，让学生明确，理想社会的描绘和追求是一脉相承的，今天的我们也有同样的追求。从而培养学生为建设和谐社会而努力的意识和社会责任感。

四、慧眼识真，课堂明星

项目	A级 （90-100分）	B级 （70-90分）	C级别 （70分以下）	自评	互评	师评
听课情况	认真听讲，没有走神、讲闲话的现象	听课比较认真、偶尔有走神、讲闲话的现象	听课不认真，走神、讲闲话的现象严重			
发言情况	积极发言、并有自己的见解	能举手发言，自己的见解少，有欠缺	很少发言，不表达自己的观点			
合作学习情况	善于与人合作，虚心听取别人的意见	能与人合作，能接受别人的意见	缺乏与人合作的精神，难以听取别人的意见			
作业情况	认真、及时完成作业，作业质量高	能完成作业，速度比较慢或质量一般	不能完成作业			

设计意图：评选优秀，给学生及时、客观全面的课堂反馈，激励学生努力提升课堂学习效率。

五、解构文章，板书设计

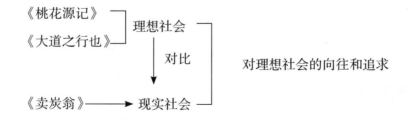

六、融汇所学，课后作业

1. 基础作业：背诵三篇文章。

2. 实践作业：以新时代的青少年，我们应该做些什么为话题写一篇文章。（不

少于 600 字）

【教学反思】

一、群文阅读教学

本次支架式教学以"1+X"群文阅读为教学基础。在教学过程中，以精讲《桃花源记》教学为范例，带学生疏通文意、了解文章内容、学会文言知识、分析文章结构，教会学生阅读、分析文言文的方法。组织学生用学到的方法，以合作学习的方式完成《大道之行也》《卖炭翁》两篇文章的学习。结合单元整体目标及本课学习目标，设置贴合学生当前所学的知识内容、基本年龄特点和认知特点的学习任务，保证了学生在任务的驱动下完成学习，并带着学习经验合作完成"X"篇目的学习，以一篇带多篇的"1+X"群文阅读学习了基础文学常识，文言知识，理解了情感及思想内涵，引导了学生加强自身修养，实现了为建设和谐社会而努力的教学目标。最终完成"以养性怡情、情趣与理想"单元主题的探究。

对自然美景、美好社会、幸福生活的向往与憧憬，对社会现实的描绘与反思等等是经典作品中的永恒主题。本次教学涉及的三篇文章，《大道之行也》构想出了"天下为公""选贤与能""讲信修睦"的理想社会模式。《桃花源记》具体描绘了人们心目中的美好社会生活。《卖炭翁》则描述了老百姓承受肆意剥削的现实，揭露了当时社会的黑暗，同时表现出作者对下层劳动人民的深切同情和对理想社会的憧憬。理想与现实的强烈对比使三篇文章有了很强的联系性。通过现实和虚幻以及对理想社会的感知，在学生内心中形成了强烈的冲击，顺势引导学生要加强自身修养，为建设和谐社会、担负起社会责任而努力，收到了很好的学习效果。

二、支架式教学

本次支架式教学，第一课时以精讲《桃花源记》作为基础，教会学生文言文阅读技巧及文言文词汇、句式等文言知识和分析文章内容的方法。第二课时引导学生运用所学，自主、合作学习《大道之行也》《卖炭翁》文言基础知识，了解文章结构、内容。第三课时创设学习情境，引导学生进入时代情境中，用沉浸的视角去看待人物，理解文章思想内涵。在学习全过程中给学生提供了范例支架、工具支架、问题支架、向导支架、图表支架，提供各种形式的学习支持和指导，帮助学生在自主学习、合作学习、交流展示的过程中学习知识，感悟思想，学会学习的方法。学习支架的支持是临时性的，除了支持和指导学生学习外，更为学生的思维提供一个支持结构。通过支架的帮助，管理完成学习的任务逐渐由教师转移给学生，学生自身能力进一步提升后适时撤去支架，使学生潜能被调动，能力得到进阶。

各教学环节循序渐进，教学支架成了学生学习的好帮手。在教学中也遵循了教师为主导，学生为主体的原则，最大限度提供给学生自主学习、合作学习的机会。学生能够发表对学习内容的见解、感受和畅想。

（设计者：西宁市青藏铁路花园学校　焦俐）

细嚼慢咽品至道

《虽有嘉肴》《玉不琢，不成器》《善学者》群文阅读

【教材分析】

《虽有嘉肴》是八年级《语文》下册第六单元的课文，本单元的课文都是我国古代的经典名篇，有情趣，有理趣，表现古人的哲思和情怀。学习本单元要在反复诵读的基础上，培养文言语感，欣赏课文中精彩的语句，学习古人论事说理的技巧，体会他们的人生感悟。

《虽有嘉肴》选自《礼记·学记》。《学记》比较系统和全面地总结了先秦时期的教育经验，从教与学两条线索出发，阐述了教学的原则和方法、为师的条件、尊师的必要性、学习的方法、教与学的关系以及教学相长的基本规律。《虽有嘉肴》主要讨论教与学的关系，开头运用类比的手法，从"即使有美味的食物，不吃就不知道它的味美"引申到"即使有最好的道理，不学就不知道它的好处"。接着讲到教与学的关系：一个人只有学习了，才能知道自己的不足之处，知道自己的不足，然后才能自我反省；而教授别人之后才发现自己知识浅陋，这样才会反过来不断地钻研、提高。由此，得出课文的观点"教学相长"。

《玉不琢，不成器》《善学者》同样出自《礼记·学记》。《玉不琢，不成器》先从"玉""学"做类比，指出教学的重要性，得出"教学为先"的结论，最后引用《兑命》中"念终始典于学"进行引用论证，再次证明观点，和《虽有嘉肴》有异曲同工之妙。《善学者》将"善学者"与"不善学"者进行对比，强调了善学者自我努力的重要性。

三篇文章都逻辑严密，有条有理，言简意赅，浅显易懂。阅读这三篇文章有助于学生学习古人论事说理的技巧，培养学生自主学习文言文的能力。

【学情分析】

学生是语文学习的主人，学生已有的知识结构和认知水平，是教师授课的依据之一与出发点。经过一年多的文言学习，学生已经学习了一定数量的文言文，积累了很多文言词语和文言句式，而且大部分学生对文言的感悟能力在逐渐提高，具备了结合课下注释进行阅读并在教师的指导下进行自主、合作探究的能力。到了八年级他们求知的兴趣也在变浓，还需要继续深入学习文言文，巩固文言文学习方法，文言的课外延伸阅读能力也应得到提高，提升自己的审美创造和拓展思维的能力。

【教学目标】

1. 反复诵读，体会古汉语特有的韵律美，培养文言语感。

2. 积累常用文言词语和句式，欣赏文中精彩语句，培养自主学习文言文的能力。

3. 学习古人论事说理的技巧，从中得到思想启迪和情感熏陶。

【教学重点】

掌握文言文学习方法，培养自主学习文言文的能力。

【教学难点】

初步理解儒家"教学相长"的观念，学习古人论事说理的技巧。

【教学课时】两课时

第一课时

【课时目标】

1. 结合注释疏通文意，积累重点文言词语，背诵课文。

2. 理解文章阐述道理的思路，学习运用类比论证的方法论述观点。

3. 理解儒家"教学相长"的观念，培养高尚的道德情操。

【教学过程】

一、导入新课，激发兴趣

（一）质疑激趣

"四书五经"是国学之瑰宝，是智慧之源泉。同学们知道古人常读的"四书""五经"指的是什么书？

学生明确："四书"为《论语》《孟子》《大学》《中庸》。

"五经"是《诗经》《尚书》《礼记》《周易》《春秋》。

（二）新课导入

半部《论语》治天下，一帧《礼记》誉千秋。或许同学们对《礼记》不甚了解，但《礼记》中的名言却常常在我们的耳畔回响："凡事预则立，不预则废"启迪我们要做好规划，有的放矢；"苟利国家，不求富贵"教育我们要有为国为民的情怀……可见《礼记》影响之深广。今天，就让我们走进《礼记》，领悟为学之道。

二、知人论世，启迪智慧

《礼记》，又名《小戴礼记》，是儒家经典著作之一，是秦汉以前各种礼仪著作的选集，相传为西汉戴圣编撰。汉代把孔子定的典籍称为"经"，他的弟子对"经"的解说是"传"或"记"，《礼记》因此而得名。

《学记》是《礼记》中的一篇，是中国教育史上的第一篇系统性的教育学论文。它对教育作用、教学目的、学校制度、教育内容、教学原则、教学方法以至师生关系、教师问题等方面都做了比较系统而精辟的概括。其中许多看法和认识如"因材施教""教学相长"等至今仍然有着很强的现实意义。

三、读思结合，不罔不殆

活动一：读顺课文，学有所得。

1.教师范读。

2.学生自由朗读。

划分下列句子的节奏，体会古汉语特有的韵律美。

（1）虽有 / 嘉肴，弗食，不知 / 其旨也；虽有 / 至道，弗学，不知 / 其善也。

（2）是故 / 学 / 然后知不足，教 / 然后知困。

（3）《兑命》曰："学 / 学半。"其 / 此之谓乎?

3.探究讨论，归纳朗读方法。

（1）读准字音，把握停顿节奏、语气，熟读成诵。

（2）朗读节奏划分既要关注内容的整体性，又要关注句子结构的对称性。

（3）根据对古文内容的理解，有感情地朗读。

活动二：读通课文，学有所获。

要求：学生以小组为单位，结合注释，合作翻译全文，掌握重点词语的含义，理解句子的意思。

（一）分组抢答

1.解释下列加点字的意思。

（1）不知其旨也：味美。

（2）虽有至道：最好的道理。

（3）教然后知困：困惑。

（4）然后能自反也：自我反思。

2.翻译下列重点句子。

（1）故曰：教学相长也。

所以说："教与学是互相推动、互相促进的。"

（2）《兑命》曰："学学半。"

《兑命》说："教别人，占自己学习的一半。"

（二）学生译读，小组讨论，教师指导

（三）学习"文言文翻译六字法"

1.保留法。文言文中的专有名词，如人名、地名、物名、书名、年号名、官爵名、谥号不必翻译。

2.加字法。文言文以单音节为主，而现代文则以双音节为主。有些文言文实词的基本意义保留至今，只需要在原词上加一个字，变成现代的双音节词。

3.替换法。文言文中有的词的意思，现在已改用其他词来表达，或者有的词虽然还用，但已经改变了意义，都应换成相应的现代汉语词语。

4.删除法。文言文中的一些虚词，无法用相应的现代汉语来翻译，如果省略后不影响原意的可删去。

5.调换法。文言中某些特殊的句式，翻译时要根据现代汉语的语法习惯调整语序。

6.补充法。文言文通常有省略主语、宾语和量词等情况，所以，翻译时必须补充。

四、精读课文，要点探究

活动一：感知内容，探究发现。

1.文章论述了哪两者之间的关系？告诉了我们一个什么样的道理？

讨论明确："教"和"学"之间的关系——教学相长。人学习之后就会知道不足，知道了不足之处，才能反省自己，提高自己；教人之后才能知道自己有理解不了的地方，这样才会自我勉励，不断提高。教和学是相互促进、相辅相成的。

2.文章的中心观点是"教学相长"，为什么开头却从"嘉肴"开始写起？

讨论明确：从"嘉肴"写起，是为了由"嘉肴""至道"引出下文对教与学关系的论述，有"嘉肴""至道"做类比，教与学的关系就浅显易懂了，这种论证方法叫"类比论证"。

3.谈谈你对"虽有嘉肴，弗食，不知其旨也；虽有至道，弗学，不知其善也"的理解。

讨论明确：实践非常重要，要把明白了的道理付诸行动，通过行动来证明道理是否正确。

4.课文最后《兑命》中的一段话是否多余？

讨论明确："半"的意思是"教人是学习的一半"，这是对本文观点的补充说明。《兑命》的话进一步论证了"教学相长"的道理，增强了文章的说服力。

5.本文说理逻辑严密，条理分明。想一想：文章的论证思路是什么？它是如何论证"教学相长"这一观点的？

讨论明确：先从"嘉肴""至道"做类比，指出学习的重要性，再从教与学的关系得出本文的中心观点"教学相长"，最后引用《兑命》中的话"学学半"作为佐证，进一步加强论证。

活动二：梳理归纳，盘点提升。

归纳文言文学习方法：

1.知背景　2.明内容　3.析手法　4.悟内涵

五、学以致用，提升能力

阅读以下文段，完成活动。

玉不琢①，不成器；人不学，不知道②。是故古之王者建国君民，教学③为先。《兑命》曰："念终始典于学"④。其此之谓乎！

（选自《礼记·学记》）

119

活动一：学海导航，读通内容。

1. 朗读文段，培养文言语感。

2. 结合参考注释，小组合作，翻译文段。

参考注释：

①琢：雕琢。　②知道：明白道理。　③教学：教育。

④念终始典于学：始终如一地想着要以学习为主。

活动二：学以致用，步步登高。

1. 思考探究：本文的观点是哪句话？是如何论证观点的？

先从"玉""学"做类比，指出教学的重要性，得出"教学为先"的观点，最后引用《兑命》中"念终始典于学"，加强佐证，再次证明观点。

2. 比较这两篇文章，试着从多方面对比的角度对文本进行分析，边讨论，边填写下面表格。

比较维度	相同点	不同点	
		《虽有嘉肴》	《玉不琢，不成器》
主要论点			
论证思路			
说理技巧			

阅读完这两篇文章，你有怎样的感悟？

启示一："教学相长"是一个人学习成长的过程。一方面"学然后知不足"，而后"自反"；另一方面"教然后知困"，而后"自强"，学与教相互促进。

启示二："人不学，不知道。"是说人不通过学习，就不懂得道理。人只有通过不断的学习，才可以发掘出自己的才能。

六、熟读成诵，小试身手

（一）比一比，看谁背得快

（二）小组竞赛

七、布置作业

1. 背诵《虽有嘉肴》。

2. 查找资料，积累《礼记·学记》中的一些格言警句。

第二课时

【课时目标】

1. 掌握学习文言文的方法，培养自主学习文言文的能力。

2. 学习古人论事说理的技巧，体会他们的人生感悟。

一、温故知新，升华认知

学生展示积累的《礼记·学记》的名言警句，结合自己的学习体验，谈谈自己的感悟。

示例：时过然后学，则勤苦而难成。

独学而无友，则孤陋而寡闻。

二、学以致用，提升素养

活动一：诵读《善学者》，培养文言语感。

善学者，师逸①而功倍，又从而庸之②。不善学者，师勤而功半，又从而怨③之。善问者如攻④坚木，先其易者，后其节目，及⑤其久也，相说以解。不善问者反此。善待问者如撞钟，叩之以小者则小鸣，叩之以大者则大鸣，待其从容，然后尽其声。不善答问者反此。此皆进学⑥之道也。

（选自《礼记·学记》）

1. 学生朗读。

2. 小组竞读，完成朗读评价。

朗读评价表

评价内容	评价标准	自评	组评
正确程度	1. 字音准确，吐字清楚。		
	2. 不错字、不丢字、不添字。		
	3. 能注意轻声、重音、变调。		
流利程度	1. 不重复、不颠倒、不回读。		
	2. 不读破词句，能读出标点符号的停顿。		
	3. 能读出句子与句子之间的停顿。		
	4. 能读出长句子中词语间的停顿。		
情感把握	能根据自己对古文内容的理解，选择自己觉得合适的语气、语调和语速来自然地朗读。		

续表

评价内容	评价标准	自评	组评
习惯把握	1. 表情大方自然。		
	2. 声音响亮适中，不拖音。		
总分			
说明：对照此评价表，分别进行自评及组评。评价标准每项内容满分10分，总分为100分，根据小组评价结果，分为 A、B、C、D 四个等级。80分以上（包括90分）为 A（优秀），70分以上（包括70分）为 B（良好），60分以上（包括60分）为 C（合格），60分以下为 D（不合格）。			

活动二：读通课文，感知内容。

要求：学生以小组为单位，结合参考注释，合作翻译文章，理解文章主要内容。

参考注释：

①逸：安闲，这里指费力小。②又从而庸之：但归功于老师；庸，功劳。

③怨：埋怨，抱怨。④攻：治，指加工处理木材。⑤及：等到。⑥进学：增进学问。

活动三：学以致用，合作探究。

小组合作，探究以下问题：

1. 思考作者是如何阐述"进学之道"的？

讨论明确：文章先以"善学者，师逸而功倍，又从而庸之"与"不善学者，师勤而功半，又从而怨之"进行对比，强调善学者自我努力的重要性；再以"善问者如攻坚木，先其易者，后其节目，及其久也，相说以解"设喻，强调善问者发问先易后难，循序渐进。

2. 将本文与《虽有嘉肴》进行比较分析，完成下面表格。

	相同点	不同点		
		主要论点	论证思路	说理技巧
《虽有嘉肴》				
《善学者》				

三、布置作业

从学过的这三篇文章中，任选一篇，梳理学习内容，绘制思维导图。

四、板书设计

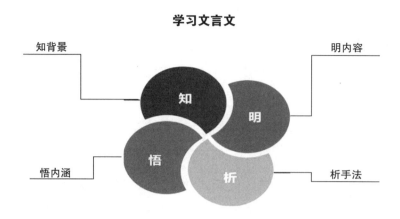

学习文言文

知背景 ——— 知

明内容 ——— 明

悟内涵 ——— 悟

析手法 ——— 析

【教学反思】

一、群文阅读教学

文言文是构成语文知识体系的一个重要板块，对学生了解中华传统文化、增强文化自信有重要意义。传统的文言文教学形式，学生只是跟着教师的节奏进行知识学习，被动地接受教师所传授的知识，自己并没有自主学习知识的意识和习惯，不会发现问题，因而并不会多加思考。通过文言文群文阅读的教学，不仅能开阔学生的思维眼界，还能全面提升学生的语文核心素养。本人在教授时，解读文本，精选议题，重视学生的自主学习能力培养。在课堂上为学生预留充足的讨论和思考时间，锻炼其自主思考问题的能力，同时在这一过程中参与学生的讨论，引导学生进行知识的总结，这样做能有效提升学生的阅读能力，为日后养成良好的阅读习惯打下坚实基础。

每个学生都是独立的个体，具有各不相同的思维方式和对生活的感悟，好的议题有助于培养学生独立思考的能力。本节课确定的议题有两个：一是掌握学习文言文的方法，培养自主学习文言文的能力；二是学习古人怎样论事说理，体会他们的人生感悟，从中得到思想启迪和情感熏陶。本人认为在确定议题时，首先要做到符合课程标准要求。《义务教育语文课程标准（2022 年版）》强调在语文学习过程中，培养爱国主义、集体主义、社会主义思想道德，逐步形成正确的世界观、人生观、价值观。在第四学段（7—9 年级）【阅读与鉴赏】中要求：诵读古代诗词，阅读浅易文言文，能借助注释和工具书理解基本内容。注重积累、感悟和运用，提高自己的欣赏品味。其次，在议题选择过程中，教师应该充分考虑学情，了解学生的特点，将学生的理解能力、文言文学习难度等相关因素充分结合起来。最后必须重视议题的开放性、关联性和延展性。文言文教学内容也不应再局限于课本上的有限知识，还可以适当增加对课外文言文知识的补充，这样做不仅仅是为了让学生学习到课本上的知识，更是为了激发学生的学习兴趣，让学生能掌握举一反三的学习方法，培养学生的思维能力，促进语文核心素养发展。

二、支架式教学

本节课采用了支架式教学法，支架式教学是以"最近发展区"理论为基础的教学，支架式教学强调教师根据学生的实际，有计划地在学生现有发展水平和有潜力达到的发展水平之间搭建教学支架，以支持并引导学生完成学习目标，提高独立自主学习的能力。本节课中主要使用范例支架，《虽有嘉肴》是教读课，目的是教方法，其他两篇自读课，目的是运用方法，学生以教读课的学习方法为例进行自主学习。教学中还搭建问题支架，学生在问题驱动下，运用老师搭建的向导支架和表格支架，沿着教师搭建的支架一步步往上走，最终达到教学目标。支架的搭建给学生指导性的牵引，能更好地帮助学生学习文言文。

（设计者：西宁市第七中学　郭惠）

忧国忧民千秋泪　　如泣如诉万代笔

《石壕吏》《新安吏》《垂老别》群文阅读

【**教材分析**】

　　教学设计中的三篇诗歌是杜甫"三吏""三别"中的叙事诗。《石壕吏》是八年级下册第五单元的最后一篇课文《杜甫诗三首》的第三首。《石壕吏》展现了安史之乱给平民百姓带来的深重灾难，表达了作者对民生疾苦的同情，对朝廷无能的批判。《新安别》反映了作者对统治者尽快平息叛乱，实现王朝中兴的期望。《垂老别》抒写一老翁暮年从军与老妻惜别的苦情。这三首诗，一方面，诗人对饱受苦难的人民寄予深深的同情，对官吏奴役和迫害人民深恶痛绝；另一方面，他又拥护王朝的平乱战争，希望人民忍受苦难与王朝合作平定叛乱。这种复杂、矛盾的思想体现了诗人忧国忧民的思想。

【**学情分析**】

　　在《石壕吏》之前学生已学过了两首杜甫的诗，学生对杜甫的生平、诗歌风格和高尚的情怀已有了一定程度的了解。八年级的学生对于古诗的内容含义已经具有了理解能力，但学生们所处时代和生活环境同杜甫笔下的社会相距太远了，如何调动学生已有的生活经验，使之能够沉浸在文本当中，这将是教读本文的困难所在。古诗词的教学重点在于"品"和"读"。关于古诗文教学，课程标准第四学段明确指出："诵读古代诗词，能借助注释和工具书理解基本内容。注重积累、感悟和运用，提高自己的欣赏品位。"为此，教学设计了诵读、研读、品读三个环节，目的是让学生感受诗歌韵律之美，领会人物形象，体会诗人关心民生疾苦、忧国忧民的思想感情。

【教学目标】

1. 诵读《石壕吏》，把握诗歌内容。

2. 研读《石壕吏》，领会人物形象，感受作者在诗歌中所表达的情感。

3. 品读杜诗之"泪"，体会作者关心民生疾苦、忧国忧民的思想感情。

【教学重点】比较三首诗歌的异同点。

【教学难点】把握诗歌的思想内容和艺术特色。

【教学课时】两课时

第一课时

【课时目标】

1. 诵读《石壕吏》，把握诗歌内容。

2. 研读《石壕吏》，领会人物形象，感受作者在诗歌中所表达的情感。

【教学过程】

一、导入新课

回顾旧知：学生齐背《望岳》《春望》。

杜甫是我国古代伟大的诗人，郭沫若称颂他："世上疮痍，诗中圣哲；民间疾苦，笔底波澜。"在杜甫的诗中，"三吏""三别"抒写民间疾苦最为深刻，今天我们学习的《石壕吏》就是杜甫叙事诗"三吏"中的一首。

二、朗读诗歌

（一）教师配乐朗读《石壕吏》，提示学生这是一首古体诗，应注意停顿、节奏、语调。

（二）学生自由读；选一位学生朗读，其余学生点评；全班齐读。

三、写作背景

唐肃宗乾元元年（758 年）冬末，杜甫回到洛阳。不到两个月，形势发生逆转，唐军在邺城大败，郭子仪退守河阳，河阳一带又骚动起来。唐王朝为补充兵力，便在洛阳以西至潼关一带，强行抓人当兵，人民苦不堪言。诗人这时被迫离去，经新安、石壕、潼关等地回到华州。一路上他所看到的都是征夫怨妇们的愁眉苦脸，所听到的是别家出征时的哭声。著名的"三吏""三别"就是根据这番经历写成的。其中，《石壕吏》因构思巧妙、情节生动而流传最广。

四、疏通诗意

学生借助注释，归纳古今异义词、词类活用，积累重要的文言词汇。

古今异义：

1. 老翁逾墙走（古义：跑　今义：走）

2. 出入无完裙（古义：泛指衣服　今义：专指裙子）

3. 听妇前致词（古义：对……说话　今义：在举行某种仪式时说勉励、感谢、祝贺、悼念之类的话。）

词类活用：有吏夜捉人（名词作状语，在夜里。）

五、研读诗歌

1. 小组合作，研读诗歌，回答问题。

按照开端、发展、高潮、结局理清故事情节。

这是一首叙事诗，其主体部分是老妇人的"致词"。诗的前四句写"致词"的由来，也交代了故事发生的时间和地点；最后四句是结局和尾声，暗示老妇已被抓走。老妇之词又可分为两层：5—16句老妇人叙述家中的不幸；17—20句老妇人主动请求从军。

2. 诗中有几个人物形象？他们各有什么特点？

老妪、石壕吏。老妇是主要人物形象，她在危急之下，挺身而出，主动从军，有敢于承担苦难的精神。石壕吏开头出现，中间便隐入幕后，"捉人""一何怒"可以看出吏态度蛮横，凶暴无比。

3. 归纳诗歌的思想内容，并分析诗歌流露了诗人什么样的情感？

全诗通过诗人的见闻，详写老妇的痛苦申诉，描绘出战乱给人民带来的沉重灾难，揭露了官吏的横暴，表露了作者对时局的忧虑，对劳动人民的深切同情。

4. 诗人同情老妇的遭遇，为何总是一言不发，如何理解诗人的沉默？

结合作者的身份和时代背景分析，诗人是沉默的，心中是无奈与悲哀的。

5. 本诗在写法上有何特点？

观吏之怒：夜捉人，呼（藏问于答、暗写）。

听妇之苦：（明写）丧子之苦、困窘之苦、应征之苦。

六、当堂成诵

学生按照开端、发展、高潮、结局理清故事情节，按照教师的提示语背诵诗歌。教师组织小组背诵竞赛，进行评价，激励学生。

七、课堂小结

杜诗风格沉郁顿挫，主要是因为他的作品抒写了忧国忧民的情怀。诗人的心与受苦受难的劳动大众息息相通，诗人的脉搏和着民众的脉搏一起跳动，杜甫是真正的人民诗人。

八、布置作业

1. 默写《石壕吏》。

2. 积累诗歌重要的文言实词和虚词。

第二课时

【课时目标】

品读杜诗之"泪"，体会作者关心民生疾苦、忧国忧民的思想感情。

【教学过程】

一、新课导入

"诗圣"杜甫不仅善于表现百姓的苦难，善于描写百姓的泪水，还怀有深挚的悲悯情怀和恻隐之心，这也使他成为中国文学史上眼泪流得最多的一位诗人。杜甫诗歌现存一千四百多首，有五十多首直接用到"哭"字，没有出现"哭"字但有哭泣意思的诗篇数量更多。这节课我们来品读杜诗之"泪"，体会诗人忧国忧民之情。

二、疏通诗意

学生齐读《新安吏》《垂老别》，小组合作疏通诗意。

三、比较异同

小组合作，比较三首诗的异同点。

相同点：

1. 都是叙事诗，背景都是安史之乱。

2. 都是客观地叙述，无情感、态度的直接表述。

3. 都表现了诗人矛盾的心理，一方面希望唐军早日平定叛乱，一方面同情战争给人民带来的苦难。

4. 都有泪。与其说杜甫是"诗圣"，不如说他是"泪圣"。面对战乱的国家，诗人洒下社稷之泪；面对叹息穷苦的百姓，诗人抛洒黎元之泪。情至深处，泪水滂沱。男儿有泪不轻弹，杜诗泪水看似轻弹，但实则重似泰山。从其"泪"中，读者能够清晰地窥见到伟大诗人忧国忧民的真性情。

5. 主题相同。反映了"安史之乱"给人们带来的深重灾难，表达了诗人对统治者的憎恨和对人民的深切同情。

6. 藏问于答。

不同点：地点不同、内容不同。

《新安吏》诗歌记述了军队抓丁和骨肉分离的场面，揭示了安史之乱给人民带来的痛苦，并对百姓进行开导和劝慰。反映了作者对统治者尽快平息叛乱、实现王朝中兴的期望。

《垂老别》通过描写一老翁暮年从军与老妻惜别的悲戚场景，深刻地反映了安史之乱时期人民遭受的灾难与统治者的残暴。

四、朗读展示

以小组为单位朗诵展示，教师提供评价表，进行多元评价。

诗歌朗诵评价表

朗诵小组名称：

诗歌名称				
评价内容	评价标准	自主赋分	同伴赋分	教师赋分
情感表达	深刻理解、传达诗歌的情感，能引起听众的共鸣。（10分）			
节奏停顿	正确朗读诗歌；准确恰当把握重音、停连技巧；把握节奏、语气、语调、语速，能表现诗歌内容和情感变化。（10分）			
动作姿态	能自然得体地朗诵，较好地运用动作、手势、表情，更好地传达诗歌内容和情感。（10分）			
展示方式	借助恰当的音乐、视频、服装道具等手段，更好地表达诗歌内容和情感，帮助听众理解诗歌。（10分）			
总体得分（平均分）				
活动自我反思：				

五、教师小结

1. 展示教师创作的诗歌一首。

咏子美

子美多哭泣，白头皆因愁。

目睹安史乱，社稷心中忧。

百姓风雨苦，涕泗常横流。

心忧自多情，诗圣著千秋。

2. 教师引导齐读《中学生守则》第一条：热爱祖国，热爱人民，热爱中国共产党。同学们，希望你们把祖国和人民记在心上，发奋图强，努力学习，为实现中国梦贡献力量。

六、板书设计

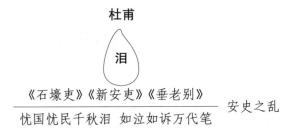

七、布置作业

请发挥想象，将杜甫的《石壕吏》改写成一篇故事。

要求：1. 题目自拟。2. 字数在600字以上。

【教学反思】

一、群文阅读教学

初中语文教材建构了教读、自读、课外阅读"三位一体"的阅读教学体系，课外阅读成为课程的有效组成部分，旨在发挥语文课堂的"主渠道"作用，将大量的课外阅读纳入到课程体系，进入到语文课堂，并保证落实，以阅读内容为切入点倒逼减少课文教学繁琐的分析、提问，为大量阅读进入语文课堂腾出时间和空间，从而改变语文教学方式。

《义务教育语文课程标准（2022年版）》在教学建议中指出教师应"从培养核

心素养出发，把握四个方面整体交融的特点，设定教学目标时既有所侧重，又融为一体。注意在识字与写字、阅读与鉴赏、表达与交流、梳理与探究的过程中，整体提升学生的核心素养"，语文学科核心素养为确立群文阅读议题指明了方向。本堂课将《石壕吏》《新安吏》《垂老别》三篇放在一起阅读，以品读杜诗之"泪"为学习议题，比较三首诗歌的异同点，体会诗人忧国忧民之情。学生们通过任务驱动，学习欣赏、品味作品的语言、形象，交流审美感受，体会诗人的情感和诗歌的思想内涵。

在群文阅读后，教师引导齐读《中学生守则》第一条，激励学生心怀祖国，发奋图强，为实现中国梦贡献力量。本人把立德树人作为语文教学的根本任务，以文化人，引导学生在学习语言文字运用的过程中，传承中华优秀传统文化，逐步树立正确的世界观、人生观、价值观。本节课的教学突出了重点，突破了难点，实现了预期教学目标，学生获得了品读古代诗歌的规律性方法，取得了较好的课堂效果。

二、支架式教学

1. 搭建支架，创设群文阅读情境。

多篇文本的阅读量大，学生有畏难情绪，本人在选取群文时考虑学情，认真研究所选文本的共性和差异。在进行群诗教学时，为了让学生感受诗歌的音韵美，提高学生的审美情趣，为学生搭建朗读诗歌的情境支架，一步步引导学生融入诗歌，读出情感。首先教师有感情地读，学生听读，形成对诗歌的初步认识；然后学生根据自己对诗歌的感知，划分诗歌朗读节奏，有感情地朗读；最后是小组朗诵展示。在这个过程中，教师范读为学生搭建了朗读上的情境和范例支架，学生对如何朗读诗歌有了新的体会后，学生沿着朗读支架提升了朗读能力。

2. 问题驱动，协作学习互相促进。

群文阅读教学着眼于让学生对比多篇文本的异同来培养学生的批判性、创新性思维。本人在杜甫群诗教学中，为学生搭建了"品读杜诗之'泪'，比较三首诗歌的异同点"问题支架。学生在教师的引导下，开展对多篇文本的合作探究，理解诗人洒下的社稷之泪和黎元之泪，感受诗人忧国忧民的情怀。支架的搭建提高了学生的阅读理解能力。

3. 效果评价，检验群文学习效果。

支架式教学法注重效果评价，在教学中，评价应围绕学生阅读文学作品的过程性表现进行。在古诗词教学中，本人注意引导学生结合诗歌情境进行朗诵，采取形式多样的朗诵方式，配乐营造气氛，配图加强直观感受，教师范读、学生赛读，形式不拘，力求多样，课堂气氛活跃。在诗歌朗诵展示环节，设计了评价量表，采用多元评价方式，侧重考察学生对语言、形象、情感、主题的领悟和体验。课堂上告知学生评价标准，引导学生对照评价标准，使学习更加有效。注意收集和整理学生语文学习的过程性表现方面的材料，记录学生核心素养发展的典型表现，了解学生的学习态度、个性特点和其内在学习品质的发展。

（设计者：西宁市第一中学　张晓慧）

寄情山水　品悟人生

《岳阳楼记》《醉翁亭记》《湖心亭看雪》群文阅读

【教材分析】

本单元为文言诗文单元，三篇文言散文《岳阳楼记》《醉翁亭记》《湖心亭看雪》皆为传统的名家名篇，既有亭台楼阁、湖光山色的美景描绘，又表达了作者的政治理想、志趣抱负和家国情怀，使人在感受中国古代历史文化深厚底蕴的同时，也感受到自然之美。学习时，要注意体会古人寄托于山水名胜中的思想情感，感受他们的忧乐情怀。学习三篇文章，要在理解课文内容的基础上，熟读成诵，积累、掌握课文中的文言实词和名言警句，并体会文言虚词在关联文意、传达语气等方面的作用，感受古人寄情山水的思想情感和忧乐情怀。教学时按照作家的风格和思想感情的差异组织教学。

【学情分析】

九年级学生已经掌握阅读浅易文言文的方法，但这个年龄段的学生往往不愿意亲自动手进行文言知识的自我整理、自我归纳、自我梳理。许多同学总以参考资料上面已有系统的复习内容为借口，不愿意动手整理知识。"纸上得来终觉浅，绝知此事要躬行"。适时搭建支架能引导学生自己动手整理知识笔记，让知识进入大脑深处，与大脑神经元记忆系统钩链成网，潜意识形成"亲切感"。

【教学目标】

1. 通过《岳阳楼记》积累学习方法，自主学习《醉翁亭记》《湖心亭看雪》中的重点字词，学生反复诵读和制作个性化文言小卡片，积累三篇课文中的文言常用实词（属、备、极、薄、国等），做到正确识音、辨字、释义，注意其古今词义的不同。

2. 体会并积累常见文言虚词，注意其在表达语气、关联文意方面的作用。学生制作个性化文言小卡片，积累文言虚词（者、也、而、之等）。

3. 反复诵读，学会断句，整体感知课文内容，把握散文的丰富内涵，在理解的基础上熟读成诵。积累文中的成语、经典名句等。

4. 把握课文的主旨，体会古代散文语言简洁、音韵和谐、意境深远的特点。了解古人的思想、情趣，感受其忧乐情怀，体会作者在景物描写中寄寓的政治理想和思想情感。

【课时安排】

教学设计分为三个课时，三个课时之间为递进关系。第一、第二课时是单元整体教学的基础部分，学习文言文的基础知识，旨在通过自主学习，疏通文意，初步感知并理解课文内容，掌握并积累重点文言词汇，熟读成诵。第三课时在充分阅读相关背景和评析资料的基础上，把握课文的主旨，感悟作者在景物描写中寄寓的政治理想和思想情感。体会古代散文语言简洁、音韵和谐、意境深远的特点，了解古代写景记游散文的文体特点。

第一课时　积累文言　熟读断句

【课时目标】

1. 明确自读目标，熟读课文，结合阅读指导，学会正确断句。

2. 体会文章骈散结合的句法形式。

3. 整体感知课文，积累文言词汇。

【教学过程】

一、导入课堂

千百年来，文人墨客登高临水，游目骋怀，留下了无数美文华章。我们今天学习的第三单元的文章，就是其中最为精彩的篇目。

二、按单自学

自学清单一：

学习目标	通读前三篇，扫除字词障碍，试着断句。
学习任务	需要完成的任务
初读课文 （方法建议：通读，并圈点勾画）	我不认识的生字新词有： 我的疑惑：

自学清单二：

学习任务	需要完成的任务					
积累文言 知识卡	课文	通假字	古今异义	一词多义	词类活用	特殊句式
	《岳阳楼记》					
	《醉翁亭记》					
	《湖心亭看雪》					

三、文言断句

给文言文断句，传统上称之为"句读"。中考文言文句子朗读节奏题，主要有选择题和主观题两种题型。选择题主要有两类，一类是选择正确的，一类是选择错误（或不正确）的。主观题类型主要是用"/"直接划分节奏。

断句的基本方法：先弄通文意断句，注意文言文单音词占多数的特点，抓住几个关键的字词翻译以理解文段大意。

口诀：

节奏划分有诀窍，划一划二不划三。

主谓谓宾要停顿，谓补之间照样分。

遇上关联想一想，总领词后漫步走。

古二今一要慎重，名词状语须打住。

省略成分断没错，提示停顿理当然。

专有名词分清楚，节奏划分顾全貌。

四、当堂展示

（一）学生展示交流

（二）教师明确

本文骈散结合。骈句节奏须整齐划一，凡四字句皆两字一顿。相邻的两组骈句之间，要有稍长的停顿。

学习任务		需要重点掌握的句子
学习断句，体会骈散结合的句法形式。	《岳阳楼记》	阴风／怒号，浊浪／排空。先／天下之忧／而忧，后／天下之乐／而乐。上下／天光，一碧／万顷；沙鸥／翔集，锦鳞／游泳。
	《醉翁亭记》	若夫／日出而林霏开，云归／而岩穴暝，晦明／变化者，山间之／朝暮也。野芳／发而幽香，佳木／秀而繁阴，风霜／高洁，水落／而石出者，山间之／四时也。朝／而往，暮／而归，四时之景／不同，而／乐亦无穷也。
	《湖心亭看雪》	崇祯五年／十二月，余住／西湖。大雪三日，湖中／人鸟声／俱绝。是日／更定矣，余拏／一小舟，拥／毳衣炉火，独往湖心亭／看雪。雾凇沆砀，天与云／与山／与水，上下一白。湖上影子。惟／长堤一痕，湖心亭／一点，与／余舟一芥，舟中人／两三粒而已。

五、课外作业

分组比赛：根据"图说课文"的提示背诵课文，看哪个小组背得最好。

第二课时　疏通文义　理解主旨

【课时目标】

1. 精学《岳阳楼记》，借助工具书，自主翻译文言文，疏通文义，把握文章主要内容和主旨。

2. 理解作者"先天下之忧而忧，后天下之乐而乐"的崇高思想境界。

3. 运用《岳阳楼记》的学习方法，自主学习《醉翁亭记》和《湖心亭看雪》，探究文章的文意和主旨。

【教学过程】

一、检查导入课堂

检查学生诵读断句及课文的记背情况。

二、循方法译课文

借助工具书，结合课下注解，按照文言翻译五字法完成翻译。

文言翻译五字法：

留：国号、年号、地名、人名、官名、书名。

替：用现代汉语词替换古代文言词。

调：调整句子次序，使之符合现代汉语的说法。

补：补充出句中省略的内容。

删：删去没有实在意义的词。

三、研课文探主旨

（一）第 1 段写重修岳阳楼的背景，这背景是什么？说明了什么？

明确：在"政通人和，百废具兴"的基础上"重修岳阳楼"，这说明滕子京在谪守的逆境中，仍不以己悲，把政事治理得井井有条。由此可见作者欣赏他的旷达胸襟，与一般的"迁客"不同。

（二）第 2 段写洞庭湖的全景，从岳阳楼上看到的雄伟景象有哪些？

明确：

1. 气势非凡："衔远山，吞长江"。

2. 宽阔无边："浩浩汤汤，横无际涯"。

3. 湖光山色："朝晖夕阴，气象万千"。

追问：用"衔远山，吞长江"，如果把"衔"改为"连"，把"吞"改为"接"好不好？为什么？

明确：洞庭湖是无生命之物，用"衔""吞"则会产生有生命之感，把"远山""长江"跟洞庭湖的关系写得活灵活现，成了一幅气势磅礴的动人画面。如果用"连""接"来替换，只是客观地说明三者的相对位置，画面是静止的，效果没有这样好。

（三）朗读第 3、4 段，找出文中写景的句子，想一想它们所写的景物各有什么特点？它们在文章中分别起了怎样的作用？

明确：第 3 段先写了风雨天气中洞庭湖上萧条凄凉的景象，这样的景物，很自然地引出了迁客骚人远离京都，怀念故土的失意忧虑的悲苦情感。这一段写了物悲则己悲的思想感情，是照应上文"异"字的一个方面。第 4 段写洞庭湖晴朗天气的明媚景象。写了这样的景物，就很自然地引出迁客骚人此时的喜悦之情。这一段写了物喜己喜的思想感情，是照应上文"异"字的又一方面。

追问：作者这样写的目的是什么？

明确："去国怀乡，忧谗畏讥"概括说明了"迁客骚人"的"悲"；"心旷神怡，宠辱偕忘"概括说明了"迁客骚人"的"喜"。这样写是为了将这类人的悲喜感情跟"古仁人之心"作对比，引出下文，由写情自然转入议论，突出全文的主旨。

（四）"古仁人之心"是怎样的？齐读第五段找出答案

明确：内涵是"不以物喜，不以己悲"。

追问："古仁人"的忧乐观是怎样的？

讨论并归纳：先讲"忧"，"居庙堂之高则忧其民，处江湖之远则忧其君""先天下之忧而忧"。后讲"乐"，"后天下之乐而乐"。

追问：怎样理解"先天下之忧而忧，后天下之乐而乐"这句话？

明确：我国古代早有"与民同乐"的思想。范仲淹以此作为对待仕途进退的原则，表现他旷达的胸襟和伟大的抱负。他提倡的吃苦在前、享受在后的精神，在今天仍有着借鉴和教育的意义。

追问：范仲淹就是一位古仁人，他放下自己来写天下，有一种超脱的济世情怀。古往今来，在我们中国，像范仲淹这样的人还有谁呢？请大家谈谈。

甲：屈原忧国忧民，投汨罗江自尽，以身殉国。

乙：苏武出使匈奴，被扣留，牧羊的时候，几十年仍手持汉朝旄节。

丙：明朝顾炎武忧虑国事，喊出"天下兴亡，匹夫有责"的豪言。

丁：大禹治水的时候，他三过家门而不入，心中为百姓考虑。

四、品语言学写法

范仲淹不愧是一位英明的政治家，他忧国忧民，具有远见卓识和博大的胸襟，但他也是一位伟大的文学家，《岳阳楼记》就是一篇经典之作，以其规范、典雅、精致的语言被世人所喜爱。请同学们有感情地自由地朗读课文，划出自己最喜欢的句子。

品味语言的方法：可以从句式的角度来品味，因为课文是骈句和散句的结合，流利畅达、简洁凝练、如珠走盘；还可以从修辞手法的运用或哲理方面来品味；也可以从词语的运用方面来分析品味。

学生从文中找到相关句子赏析。

如："浮光跃金，静影沉璧"最富有诗意，我最喜欢。"浮光跃金"把湖面上"浮动的月光"比喻成"跃动着的碎金"，展现了景物的动态美。"静影沉璧"写的是景物的静态美：静静的月影宛如沉在水底的玉璧。两句一动一静，相映成趣。

五、小结

本文是一篇优美的散文，将画意、诗情、理趣融为一体，不仅给予我们美的享受，范仲淹那博大的胸怀、崇高的思想境界还给人以积极向上的力量。读范仲淹的文章，我们好像站在岳阳楼上，那浩瀚无涯的洞庭湖水，使我们感受到恢宏的气势与一种责任感。让我们点燃精神的圣火，去照亮时代天空的一角，做一个当代的范仲淹吧。

六、按单自学

运用学习《岳阳楼记》的翻译方法，结合课下注释和自己整理的文言笔记，试着翻译《醉翁亭记》《湖心亭看雪》，小组内讨论互译、纠错；结合学习《岳阳楼记》的方法，自主学习《醉翁亭记》和《湖心亭看雪》，完成表格学习任务，小组交流展示。

七、当堂展示

（一）学生展示、交流课文翻译学习成果

（二）教师明确：

需要完成的任务		
课文	作者简介	主要内容
《岳阳楼记》	名家名片名：范仲淹 时：北宋 地：吴县人 评：政治家、军事家、文学家 著：《范文正公集》等	1046年，范仲淹的挚友滕子京谪守巴陵郡，重修岳阳楼。当时，范仲淹亦被贬在邓州作官。滕子京请范仲淹为重修的岳阳楼写记，并送去一幅《洞庭晚秋图》。范仲淹依据此图，凭着丰富的想象，写下了千古名篇《岳阳楼记》，表达了他"不以物喜，不以己悲"的旷达胸襟和"先天下之忧而忧，后天下之乐而乐"的政治抱负。激励我们要以天下为己任，树立崇高的理想，拥有宽阔的胸怀。
《醉翁亭记》		
《湖心亭看雪》		
结构层次 （思维导图）	 《岳阳楼记》宋·范仲淹	

八、布置作业

任选一篇自己最感兴趣的文言文，试着用现代汉语改写，体会两种表达的不同特点。

第三课时　欣赏美景　对比写法

【课时目标】

1. 比较研读三篇记游散文的景物描写，品味文章优美、精练的语言。

2. 归纳三篇文章的写作手法。

【教学过程】

一、导入课堂

抽查学生记背及文言改写情况。

二、探究活动

活动一：说美点

请大家结合课前预习，自由选读文章及语段，说说你觉得更美更有特色的山水是哪一篇哪一段，简要阐述理由。

活动二：比美景

引导学生品味三篇文章景物描写的妙处。

三、当堂展示

（一）学生展示交流

（二）教师明确

1. 说美点：洞庭风雨图、洞庭春晴图、琅琊朝暮和四时之景、湖山夜雪图。

2. 比美景：洞庭风雨图和洞庭春晴图，美在多角度渲染洞庭湖上凄风苦雨的阴暗压抑或春光明媚的温暖惬意。

琅琊朝暮四时之景，美在依时序描绘景物，突出琅琊山无时无处不清秀优美。

湖山夜雪图，美在用白描手法，简笔勾勒出西湖雪夜苍茫宏阔之景。

四、教师小结

范仲淹写山水，着重从阴晴两方面来渲染，景物间形成鲜明对比；

欧阳修写山水，时间跨度大，视野宽阔，意在表现日日在山水间流连；

张岱写山水，间接描写雪大，着意凸显天地的广阔与人的渺小。

五、当堂检测

比读描写句式，探究写景方法

课文	景物描写句式	写景特色
《岳阳楼记》	若夫淫雨霏霏，连月不开，阴风怒号，浊浪排空，日星隐曜，山岳潜形，商旅不行，樯倾楫摧，薄暮冥冥，虎啸猿啼。 至若春和景明，波澜不惊，上下天光，一碧万顷，沙鸥翔集，锦鳞游泳；岸芷汀兰，郁郁青青，而或长烟一空，皓月千里，浮光跃金，静影沉璧	多用四字短语，两两对应，对举句式，动静结合，一句一景，大笔勾勒大气象，表现力强。
《醉翁亭记》	若夫日出而林霏开，云归而岩穴暝，晦明变化者，山间之朝暮也。 野芳发而幽香，佳木秀而繁阴，风霜高洁，水落而石出者，山间之四时也。	多用"而"字连接相关景色，使句意疏朗有致；巧用"者""也"句式，灵动多变又舒缓自如。
《湖心亭看雪》	雾凇沆砀，天与云与山与水，上下一白。 湖上影子，惟长堤一痕、湖心亭一点、与余舟一芥，舟中人两三粒而已。	三个"与"将天、云、山、水连在一起，给人茫茫无边之感，"痕""点""芥""粒"等量词的使用，极言天地之大、人生之微。

六、布置作业

1. 收集整理课中的文言雅词美句。

2. 反复诵读，并背诵默写。

【教学反思】

一、群文阅读教学

本教学设计通过学习文言散文《岳阳楼记》积累学习方法，自主学习《醉翁亭记》《湖心亭看雪》，落实初中语文教材"1+X"群文阅读教学。一篇带多篇阅读时，用《岳阳楼记》作为范例带动后两篇的学习。学生通过反复诵读和制作个性化文言小卡片，积累三篇课文中的文言常用实词和虚词，做到正确识音、辨字、释义，注意其古今词义的不同。通过比较研读三篇记游散文的景物描写，品味文章优美、精练的语言，归纳三篇文章的写作手法，帮助学生了解古代写景记游散文的特点。这样设计实现了《义务教育语文课程标准（2022 年版）》关于学生阅读文言文注重积累、感悟和运用，提高自己的欣赏品味的要求。

二、支架式教学

结合九年级学生学情及能读浅易文言文的认知特点，全篇设计为学生搭建了多种形式的支架。一篇带多篇阅读时，用《岳阳楼记》作为范例支架带动后两篇的学习。采用产品（模板）支架，指导学生反复诵读学会断句，整体感知课文内容，把握诗文的丰富内涵，在理解的基础上熟读成诵，感受舒缓自如的风格。采用图表支架引导学生把握课文的主旨，体会古代诗文语言简洁、音韵和谐、意境深远的特点，了解古代写景记游散文的文体特点。采用问题支架、向导支架等帮助学生了解古人的思想、情趣，感受其忧乐情怀，体会作者在景物描写中寄寓的政治理想和思想情感。课堂实施中以提升学生核心素养为目标，注重化繁为简，任务清晰易操作。

（设计者：西宁市教育科学研究院　岑礼霞）

在"变化"中悟主题

《故乡》《我的叔叔于勒》《孤独之旅》《项链》群文阅读

【教材分析】

本单元的小说均是名家名作，艺术技巧精湛，思想内涵深刻。要引导学生梳理小说情节，感知小说的叙事手法，尝试分析人物。结合自己的生活体验，理解小说主题。感受小说展示的人生经验，加深对社会和人生的理解，获得自我成长的教益。教师应在有限的教学课时内精心组织，注意形成教学内容间的有机联系。可以将梳理故事情节、分析人物形象、领略思想主题等环节有机地组织起来，并让本单元三篇课文的教学形成一个整体。可以抓住《故乡》《我的叔叔于勒》两篇教读课文，引导学生初步感知小说艺术，获得一定的阅读能力，然后放开手开展《孤独之旅》的自主阅读和课外小说《项链》的自主阅读。鲁迅曾说："学说所以启人思，学文多以增人感。"小说的教育功能，是以一定的审美感受为前提的。教学本单元，价值观的引导要注意结合学生的阅读体验和人生经验开展，重在启迪、激发，避免抽象地灌输观念。

【学情分析】

对于小说，学生已有一定的阅读积累，并不感到陌生。教学中要激活学生已有的阅读经验，采取多种读书方式，调动学生阅读的积极性。由于单元群文阅读篇目众多，可以布置前置性作业，学生提前阅读，以便更好地参与到课堂任务活动中，提高课堂效率。小说的知识点众多，教师要抓住重点适当点拨，使学生领略小说世界的多姿多彩，激发阅读兴趣，深化阅读感受。

【教学目标】

1.梳理故事情节，体会对比手法在小说中的表达效果。

2. 分析人物形象、环境描写，感悟小说主题。

3. 群文阅读，感悟小说展示的社会生活，加深对社会和人生的理解，获得自我成长的教益。

【教学重点】

分析人物形象、环境描写感悟小说主题。

【教学难点】

梳理故事情节，体会对比手法在小说中的表达效果。

【教学过程】两课时

第一课时

【课时目标】

1. 分析人物形象、环境描写，感悟小说主题。

2. 梳理故事情节，体会对比手法在小说中的表达效果。

【教学过程】

一、在时间"变化"中谈感受

请说一说，你从小学到初中最大的变化是什么？

教师小结：年少时的一些经历往往最让人印象深刻，为什么呢？因为那些经历有时是我们从未体验过的，有时引起了我们情感的波澜，有时收获了新的友谊，有时让我们有了人生的启示……正是因为这些生活中的变化，我们才得以成长，生活才变得有滋有味。小说也是一样，因变化而意味无穷。

二、在人物"变化"中悟主题

活动一：精读《故乡》相关段落，圈点勾画出描写闰土和杨二嫂前后形象变化的语句，并分别说说人物前后不同的性格和导致性格变化的原因，完成下表。（完成表格后小组交流）

《故乡》典型人物形象				
人　物	以前	性　格	现　在	性　格
闰　土				
杨二嫂				
文章主题				

知识点：通过典型人物形象的变化，揭示文章主题。

教师小结:"少年闰土"与"成年闰土""年轻时的杨二嫂"与"中年时的杨二嫂"都是令人难忘的形象,小说通过人物形象的前后对比,写出了旧中国社会的全面衰败。通过对比,让人物形象发生变化进而揭示主题的写法,在本单元的其他小说中也得以体现。

三、在环境"变化"中品主题

活动二:跳读《故乡》全文,圈点勾画出环境描写的语句,说说其作用,完成下表。(完成表格后小组交流)

《故乡》环境描写			
环　　境	具体描写	表达效果	品悟主题
故乡现状			
海边沙地			

知识点:通过环境描写前后的变化,感悟文章主题。

教师小结:故乡现状给全篇奠定了黯淡的基调,是对以"故乡"为代表的旧中国的总体批判:令人压抑,缺乏生机、活力与希望。海边沙地洋溢着生命的活力与欣喜,是"我"理想的寄托,是对新生活的想象与憧憬。通过环境的变化,能够体察小说人物内心的变化,从而感悟文章的主题。这在本单元的其他小说中也得以体现。

四、在文章"变化"中学方法

活动三:精读《我的叔叔于勒》相关段落,小组合作完成表格。(通过菲利普和克拉丽丝对于勒前后态度的变化,赏析人物形象,感悟文章主题)

《我的叔叔于勒》典型人物形象				
于勒身份	穷	富	穷	人物性格
菲利普态度				
克拉丽丝态度				
文章主题				

活动四:跳读《我的叔叔于勒》全文,圈点勾画出环境描写的语句,说说其作用。完成下表。(完成表格后小组交流)

《我的叔叔于勒》环境描写			
环　　境	具体描写	表达效果	品悟主题
刚刚上船			
到目的地			

五、在情节"变化"中说主题

活动五：以《故乡》的情节梳理思维导图为例，小组合作，用思维导图梳理出《我的叔叔于勒》文章情节和主题。（小组展示说明）

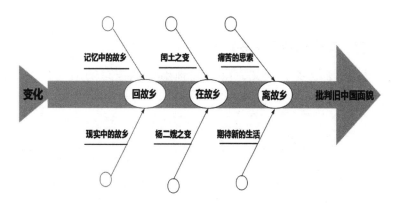

课堂小结：

今天我们学习的这两篇小说有跌宕的故事情节、变化的典型人物形象、前后不同的环境描写，深深地把我们吸引到故事之中，让我们不禁为他们的命运感慨万分，不禁想痛斥当时的社会现状。这就是小说的魅力，通过完整的故事情节，塑造典型的人物形象，反映社会现实。希望这节课你能学有所获。

六、布置作业

阅读《孤独之旅》和《项链》，用思维导图分别梳理出两篇文章的情节。

第二课时

【课时目标】

群文阅读，感悟小说展示的社会生活，加深对社会和人生的理解，获得自我成长的教益。

【教学过程】

一、思维导图理情节

活动一：小组内展评昨天的家庭作业——阅读《孤独之旅》和《项链》，用思维导图分别梳理出两篇文章的情节。推选代表在全班展示，并进行介绍说明。

姓 名			班 级			
篇 目	评分标准	自我评分	小组评分	总分	教师评价
《孤独之旅》 （满分100分）	1. 情节梳理准确（20分）				
	2. 主题突出鲜明（20分）				
	3. 内容全面细致（20分）				
	4. 思路清晰简洁（20分）				
	5. 导图布局美观（20分）				
《项 链》 （满分100分）	1. 情节梳理准确（20分）				
	2. 主题突出鲜明（20分）				
	3. 内容全面细致（20分）				
	4. 思路清晰简洁（20分）				
	5. 导图布局美观（20分）				
设计反思					

二、运用对比悟主题

知识点：通过环境描写前后的变化，通过典型人物形象的改变，揭示文章主题。

活动二：通读《孤独之旅》，圈点勾画出环境描写和相对应的杜小康心理描写的语句，说说这样写的作用。小组合作完成下表，推选代表进行阐释说明。（通过环境描写揣摩人物的心理变化，进而品悟小说的主题）

《孤独之旅》环境描写		
环境描写	杜小康心理	品悟主题

三、体会形象说主题

知识点：跟随故事情节，通过典型人物形象前后的改变，通过环境描写的渲染，揭示文章主题。

活动三：默读莫泊桑《项链》一文，先独立思考，再小组合作，完成下表，推选代表进行阐释说明。

《项链》			
内　容	宴会前	宴会时	宴会后
马蒂尔德形象			
环境描写			
文章主题			

活动四：思考小说的主题是通过什么展现的？

教师小结：小说在情节的不断变化中，展现矛盾冲突，形成典型人物形象，反映社会现实。

矛盾冲突的展现＋典型人物的塑造＝社会现实

四、课堂小结

小说的魅力在于跌宕起伏的故事情节，在于丰满鲜活的人物形象，在于变化多端的环境描写，作者就是用这样的故事情节、人物形象、环境描写来展示社会现实。小说就像一面镜子，照见了人生百态，给人以人生的启迪与感悟。

五、布置作业

《水浒传》中让你印象最深刻的人物是谁，分析他在小说中前后形象的变化，给这个人物写一份个人简介。

六、板书设计

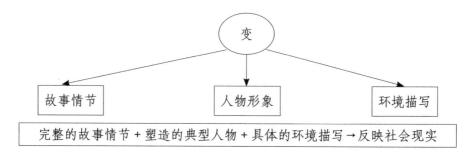

【**教学反思**】

一、群文阅读教学

利用群文阅读进行小说教学非常有必要，让学生对小说有整体的、系统的学习与了解，从而更好地掌握小说这一文体的相关知识。本节课的教学设计，利用课本中的两篇精读课文，让学生通过对比的写作手法，体会小说跌宕起伏的故事情节、丰满鲜活的人物形象与变化多端的环境描写。接着通过课内自读小说和课外短篇小说，检验自己鉴赏小说的能力，最后的作业拓展到对长篇小说的赏析。让学生在学习的过程中感知小说的魅力、文学艺术的魅力，提升学生的文学审美能力。

小说一般篇目都较长，学生阅读速度参差不齐，一定要布置前置性作业让学生提前阅读，否则小说群文阅读时间紧张且任务难以完成。为保障上课效率，前置性阅读作业要进行检查，才能确保每位学生都能积极参与到课堂任务中来。内容对比比较简单，应多让基础弱的学生发言，充分调动学生的学习积极性。而主题感悟，应该多听听学生自己的感受，教师不应该加以限制或者固定答案，应鼓励学生结合自己的人生经验获得不同的感受。

二、支架式教学

本节课主要搭建了范例支架和图表支架，还搭建有问题支架和向导支架。在任务活动的驱动下，学生逐步完成教学目标，由浅入深地体会了小说的艺术魅力，感受了对比手法在小说中的重要作用，并通过完成任务学会如何初步鉴赏小说。范例支架引导学生在教读课文中学到赏析的方法，运用到自读课文并延伸到课外阅读中。图表支架让学生更清晰地厘清内容、分析文本，帮助学生有效地阅读。其中再通过对问题的研讨与教师的适当点拨，让学生更深刻地体会小说的艺术魅力。

（设计者：西宁市青藏铁路花园学校　申玉瑜）

水浒里的好汉们

《智取生辰纲》《鲁提辖拳打镇关西》
《林教头风雪山神庙》群文阅读

【教材分析】

《智取生辰纲》是初中九年级上册第六单元的讲读课。本单元的主题为"人物百态"，节选的课文都是我国古代长篇小说中的有名片段，目的是引发学生阅读此类小说的兴趣，培养学生对古典文学的热爱。《智取生辰纲》《鲁提辖拳打镇关西》《林教头风雪山神庙》均出自四大名著之一的《水浒传》，它是我国文学史上第一部描写农民起义全过程的长篇小说，在创作上体现了我国古典小说突出的艺术成就。三篇文章具有相似性，都注重人物语言、动作的细节描写，在矛盾冲突中展示人物性格；情节都较为曲折，故事完整；语言都准确简练、生动流畅。通过分析三篇文章中的主要人物，可以更好地帮助学生了解"水浒里的好汉们"，梳理故事情节，掌握描写方法，分析人物性格品质，体会"人物百态"。

【学情分析】

《义务教育语文课程标准（2022年版）》拓展型学习任务群中关于整本书阅读提出："独立阅读古今中外诗歌集、中长篇小说、散文集等文学名著。根据阅读进度完成读书笔记，针对作品的语言、形象、主题等方面的话题展开研讨。"第四学段（7—9年级）教学提示中也明确整本书阅读教学应以学生自主阅读活动为主。引导学生了解阅读的多种策略，运用浏览、略读、精读等不同阅读方法；通读整本书，了解主要内容，关注整体与局部，重视序言、目录等在整本书阅读中的作用。设计、组织多样的语文实践活动，如师生共读、同伴共读、朗诵会等，交流读书心得，分享阅读经验。义务教育阶段要激发学生读书兴趣，要求学生多读书，读好书，读整本书，养成良好的读书习惯，积累整本书阅读的经验。

初三学生具有更强烈的学习欲望和协作精神。学生上课时积极思考,相互交流,愿意积极主动地投入到课堂活动中来。在学习过程中,更喜欢体现主动性的活动。在小说阅读过程中,由于学生已经具有一定的阅读能力和语言感受能力,了解小说的基本要素和主要特点,能够对故事情节、人物形象和主题思想等有自己的独特见解,所以在课堂教学中,老师要重视学生的主体地位,引导学生采用自主、合作、探究的学习方式完成学习任务。

【教学目标】

1.运用快速阅读的方法,提取所需信息,了解阅读《水浒传》的基本方法。

2.群文阅读,梳理故事情节,掌握人物的描写方法,分析人物的性格特征,学习阅读整本书的方法。

【教学重点】

学习概括故事情节和分析小说中的人物,表达自己的思考和发现。

【教学难点】

如何阅读水浒故事,评析人物。

【教学课时】三课时

第一课时

【课时目标】

1.了解故事背景,理清《智取生辰纲》故事情节。

2.体会智取生辰纲"智"在何处。

【教学过程】

一、画像激趣,导入新课

用多媒体显示戴敦邦所画的水浒人物,重点展示杨志、吴用、武松、鲁智深、林冲等主要人物。

二、自主学习,知识夯基

(一)预习检测

1.读准字音。

趱(zǎn)行　虞(yú)候　嗔(chēn)怪　三阮(ruǎn)

尴尬(gāngà)　厮(sī)　朴(pō)刀　晁(cháo)盖

恁（nèn）地　怨怅（chàng）　兀（wù）的　聒（guō）噪

喏（rě）喏连声　草芥（jiè）　剜（wān）口割舌　啰唣（zào）

忒（tuī）认真　舀（yǎo）酒　面面斯觑（qù）

2. 理解词语。

忍气吞声：形容受了气而强自忍耐，不说什么话。

喃喃呐呐：连续不断地小声说话的声音。

絮絮聒聒：絮絮叨叨，来回地说。

热不可当：热得无法抵挡。

死心塌地：形容主意已定，决不改变。

3. 作者简介。

作者	施耐庵	朝代	元末明初
评价	施耐庵（1296—1370年），名耳，又名肇瑞、彦端，字子安，号耐庵，或称"钱塘施耐庵"。元末明初小说家，原籍东都，一说钱塘，又一说扬州。施耐庵博通古今，才气横溢，举凡群经诸子，词章诗歌，天文、地理、医卜、星相，一切技术无不精通。		
代表作	中国四大名著之一《水浒传》		

4. 作品简介。

《水浒传》是元末明初施耐庵编著的章回体长篇小说。

全书通过描写梁山好汉反抗欺压、壮大水泊梁山，接受朝廷招安，以及受招安后为宋朝征战，最终消亡的故事，反映了中国历史上宋江起义从发生、发展直至失败的全过程，深刻揭示了起义的社会根源，热情地歌颂了起义英雄的反抗斗争精神，也具体揭示了起义失败的内在历史原因。

《水浒传》是中国古典四大名著之一。问世后，在社会上产生了巨大的影响，成为后世中国小说创作的典范。《水浒传》是中国历史上最早用白话文写成的章回小说之一，流传极广，脍炙人口，同时也是汉语言文学中具备史诗特征的作品之一，对中国乃至东亚的叙事文学都有深远的影响。

5. 文体简介。

定义	章回体，原为中国古代长篇小说的一种外在叙述体式，称为章回体小说。后应用于其它媒体领域，比如：章回体新闻、章回体影视剧。
特点	将全书分为若干章节，称为"回"或"节"。少则十几回、几十回，多则百余回。每回前用单句或两句对偶的文字作标题，称为"回目"，概括本回的故事内容。每回开头以"话说""且说"等起叙，每回末有"欲知后事如何，且听下文分解"之类的收束语，一回叙述一个较完整的故事段落，有相对独立性，但又承上启下。
名著	《三国演义》《红楼梦》《水浒传》《西游记》等

三、小组学习，合作探究

(一) 整体感知

(分角色朗读课文，学生四人一组讨论交流)

1. 生辰纲是什么？

为太师蔡京祝寿而进献的大批财物，其实质都是老百姓的血汗钱，是被搜刮来的不义之财。

2. 生辰纲是谁取的？又是从谁的手里取走的？是用怎样的方式取走的？

晁盖、吴用等八条好汉智取了杨志手中的生辰纲。

3. 复述基本故事情节。

杨志智押生辰纲，晁盖、吴用等人智取生辰纲。

4. 通过上面的复述，我们可以知道，课文分为哪几个部分？

两个部分：第1—7段写杨志押送生辰纲，第8—14段写晁盖、吴用等人智取生辰纲，其中第14段是补叙。

5. 课文中有哪些矛盾冲突？

杨志押送与晁、吴等人夺取的矛盾冲突——主要矛盾冲突。

杨志与军健、虞候、老都管之间的内部矛盾冲突——次要矛盾冲突。

6. 小说的环境分为社会环境与自然环境，请在文章中找出相应的内容，分析其在文章中起什么作用。

自然环境：一是指天气酷热，照应下文的众人行动困难和军士买酒解渴；二是指黄泥冈上松树林内，交代劫生辰纲的地方。

社会环境：一方面是指当时尖锐的阶级矛盾，如白胜歌中所唱"农夫心内如汤煮，公子王孙把扇摇"；另一方面是指都管等人对杨志的歧视、轻视，如"量你是个遭死的军人""草芥子大小的官职，直得恁地逞能"，揭示了内部的矛盾，交代了冲突的内因，也暗示了杨志不得志于统治者的悲剧命运。

小说的环境描写，在作品中一方面为推动情节的发展服务，另一方面则用来烘托人物性格与暗示人物命运。

（二）深层探究

（再读课文，在整体把握的基础上，进行问题探究）

1. 晁盖、吴用等人劫取生辰纲用"智"主要体现在哪些方面？

晁盖、吴用等人劫取生辰纲毋庸置疑是用了"智"，他们使用的"智"体现在以下几个方面：

（1）智用天时。杨志押送生辰纲正赶上酷热的季节，"此时正是五月半天气"，过了十四五日后（六月初四）"天气未及晌午，一轮红日当天，没半点云彩，其日十分大热""众军人看那天时，四下里无半点云彩，其时那热不可当"。在短短几行文字中便出现两次"热"，天气的特征已得到极其鲜明的表现。所以军汉们一见到迎面的土冈子，便"都去松阴树下睡倒了"。暑热加上一路疲惫使杨志的随从几乎没有还击之力。而晁盖、吴用等人却早已等候在此，以逸待劳，可以说已掌握了智取的首要有利因素。

（2）智用地利。晁盖等人选择了山冈和树林作为劫取生辰纲的最佳地点，自然有其中原因。黄泥冈可以作为掩护，松林既可引诱急欲避暑歇息的杨志一行人进入，又可模糊敌人的视线，使他们看不清松林内的真切情况。小说中"只见对面松林里影着一个人"一句中的"影着"足以说明问题。这前两个"智"充分说明晁盖、吴用等人做到了知己知彼，且深入调查研究了杨志一行人的行进时间、速度和路线。他们断定在近正午时分，杨志一行人将抵达黄泥冈，而且军汉们将急于进入松林避暑歇息。晁盖、吴用等人为杨志一行人画好了他们情愿也好，不情愿也好都将进入的"伏击圈"。

（3）智用矛盾。同样通过仔细的观察和分析，晁盖等人发现了杨志一行人内部的矛盾并且利用了这一矛盾。杨志担心生辰纲出事，推迟每天动身时间，让军汉们担着百余斤担子在烈日下行走，还时常用藤条鞭打他们，唯恐在休息时会发生意外，军汉们早已怒忿在胸。虞候、老都管同样对杨志有强烈不满，杨志一行内部矛盾已经激化。这就注定在松林中休息时，无人会再去理会杨志的打骂。矛盾致使内部分裂，给了晁盖等人可乘之机。此智更能说明晁盖等人运用前两个"智"的高明、得当，此智亦与前两智密切相关。

（4）智用计谋。前面所有"智"的最终实现靠的就是"半瓢酒"。在众目睽睽之下，晁盖等人喝的是美酒，而杨志与众人得的却是药酒，刘唐与白胜的表演天衣无缝，不能不说是吴用的计谋用到了家。杨志等人在"倒也"声中眼睁睁地看着生辰纲被劫持而去。

四、作业布置，巩固学习

阅读《水浒传》第 12 回至第 17 回，了解杨志事迹，分析杨志性格。

五、板书设计

智取生辰纲

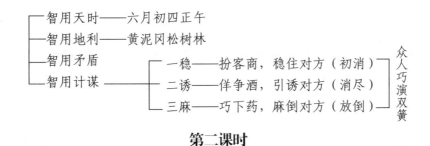

第二课时

【课时目标】

分析杨志的性格特征。

【教学过程】

一、温故知新，导入新课

根据上一节课的课后阅读作业（阅读《水浒传》第 12 回至第 17 回，了解杨志经历和杨志性格），请同学们概述杨志经历。

原为殿司制使，因失陷花石纲丢官，沦落东京，因盘缠使尽卖祖传宝刀，无奈杀泼皮牛二，流配东京大名府充军(以上第 12 回)；大名府留守梁世杰恩赦杨志，安排比武，杨志斗武出色，被梁中书提拔做管军提辖使(第 13 回)；受梁中书重托，押运生辰纲，在黄泥冈失陷(第 16 回)；走投无路，落草二龙山宝珠寺(第 17 回)。

明确："失意、得志、幻灭"是杨志性格发展的三部曲。失陷生辰纲是杨志命运的转折点，使杨志最终走上了反抗官府的道路。

二、圈点勾画，自主阅读

（结合课文中描写杨志言行的语句，寻找以下问题的答案）

杨志押送生辰纲是以失败告终的，他失败的原因是什么？

例1：杨志是一个老练、精明、谨慎的人。接受任务后，为了预防"强人"，将众军伪装成客商；仔细确定行路时间、路线选择；不许军健在黄泥冈歇息等这些内容都可看出。

例2：杨志又是一个蛮横粗暴的人。他不顾天气酷热，山路难行和担子沉重，强迫禁军赶路，不许歇息，不许喝酒，一意孤行，动辄打骂。与老都管、虞侯也不能很好沟通，形成对立面。

三、小组合作，人物探究

（浏览课文，在整体把握的基础上，继续进行问题探究）

1.杨志最终失陷生辰纲从而"贻误"终身,是否在他身上确实无"智"可言呢？

杨志并非无"智"。从以下几个方面可以看出杨志是个十分精细、警觉且有智谋的"押解官"。

（1）智变行辰：杨志在"人家渐少"之后，推迟每天动身时间且提前休息（由原来的"五更起身日中歇息"改为"辰牌起身申时便歇"）。他宁可逼迫军汉冒酷热前行而落得怨声载道，也要保全生辰纲，无非是怕有人在晨光或暮色中偷袭。六月正午，恐怕歹人也不愿活动。

（2）智藏行踪：不多带兵。

（3）智选路径：杨志"催促"一行人在山中僻路行走，表明他选择了连强盗也不愿行走的艰难路径，以此来保护生辰纲。

（4）智察枣客：杨志在黄泥冈提醒军汉们此地险要，发现刘唐顿生疑心，唯恐白胜酒中有蒙汗药……

以上诸多方面表现了杨志用心、用智良苦，实非常人可比。

2.从"智变行辰、智藏行踪、智选路径、智察枣客"，可以看出杨志的用心良苦，为了保证生辰纲安全，煞费苦心。请同学们再在课文中找找，为了确保生辰纲的安全，杨志还有哪些举措？

（1）逼赶：怕路长梦多，不惜打骂军士，斥责虞候，得罪老都管；

（2）减少中途休息：担心军士懈怠；

（3）审察枣贩：谨慎，多疑；

（4）对卖酒汉子高度警惕；

（5）喝酒时慎之又慎，小心翼翼。

小结：这些说明杨志是个精明、谨慎、多智之人。

（学生对双方的斗智斗勇归纳分析后，再进行综合比较）

3. 为什么一个如此精明、谨慎、多智的杨志押送生辰纲仍摆脱不了失败的命运呢？杨志到现在仍然想不明白，请同学们替他总结一下失败的原因是什么。

（1）没有处理好内部关系。军士、虞候、老都管，无不怨恨。杨志把生辰纲看成是自己东山再起的赌注，为确保其安全不惜采用任何方法，这种急功近利导致他欠理智，失人和。攘外必先安内。堡垒都是从内部被攻破的，杨志一行人内部矛盾重重，这就为失败埋下了隐患。

（2）天外有天，人外有人。智多星吴用计谋比青面兽杨志的计谋要高明，杨志棋差一招。杨志之智，更加衬托出吴用之智的高明。可以说杨志输智，吴用有用。

（结合上面的分析结果，探究杨志的性格）

4. 速读课文，画出小说中能够表现杨志思想性格的语句，归纳其性格特点。

（1）忠于职守、精明谨慎。如"五七日后，人家渐少，行客又稀，一站站都是山路。杨志却要辰牌起身，申时便歇。"

（2）急功近利、蛮横粗暴。如"杨志赶着催促要行，如若停住，轻则痛骂，重则藤条便打，逼赶要行。""杨志跳起来喝道：'那里去！且睡了，却理会。'""杨志大骂道：'你们省得甚么！'拿了藤条要打。"

四、布置作业，提前预习

阅读《鲁提辖拳打镇关西》《林教头风雪山神庙》，完成导学案作业。

五、板书设计

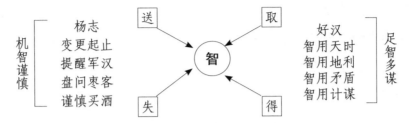

第三课时

【课时目标】

群文阅读，梳理情节结构，分析人物性格特征。

【教学过程】

一、检查作业，情境导入

根据导学案完成情况，邀请学生畅谈学习体会。引出本节课分析的主要人物。

二、小组学习，研讨交流《鲁提辖拳打镇关西》

（学习小组结合导学案，根据思维导图梳理相关信息）

（一）梳理故事情节

开端：鲁达在酒楼会友，突遇金氏父女遭受欺凌，见义勇为，仗义疏财。

发展：鲁达助金氏父女逃离虎口。

高潮：鲁达消遣郑屠，三拳打死郑屠，除暴安良，伸张正义。

结局：鲁达弃官逃走，远走他乡。

（二）寻找人物，了解关系

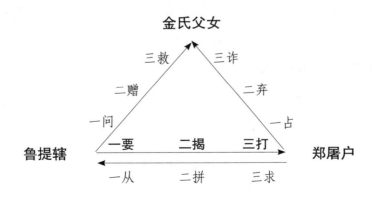

（三）阅读批注，品评人物

阅读文本，运用小组合作探究形式，多元解读人物性格形象，通过交流学生对鲁达性格分析所作的句子批注，品评人物。

1. 品评人物包括人物的语言描写、动作描写、神态描写、心理描写。

2. 人物性格分析

例1：见义勇为、嫉恶如仇。"回头看着李忠、史进道：'你两个且在这里，等洒家去打死了那厮便来！'""只说鲁提辖回到经略府前下处，到房里，晚报也不吃，气愤愤地睡了"等句子。

例2：莽撞粗鲁、性情冲动。"鲁达焦躁，便把碟儿盏儿都丢在饭楼上""直娘贼！还敢应口"等句子。

例3：颇有心计、精中有细。"且说鲁达寻思，恐怕店小二赶去拦截他，且向店里掇条凳子，坐了两个时辰""鲁提辖假意道：'你这厮诈死，洒家再打！'"等句子。

例4：慷慨大方、仗义疏财。"便去身边摸出五两来银子，放在桌上，看着史进道：'洒家今日不曾多带得些出来；你有银子，借些与俺，洒家明日便送还你。'"等句子。

除以上性格外还有：性急如火、心细如发、有勇有谋、胆大心细、机敏精明等。

（四）结合背景，评价人物

梁山泊第十三位好汉，十员步军头领第一名。鲁智深原名鲁达，是经略的提辖，因为见郑屠欺侮金翠莲父女，三拳打死了镇关西。

阅读小说，可采用"阅读批注"法，结合文章中的句子，深入分析小说中的人物性格。

鲁提辖：见义勇为、嫉恶如仇、有勇有谋、伸张正义的梁山好汉。

三、小组合作，阅读探究《林教头风雪山神庙》

（一）补充思维导图

林教头风雪山神庙

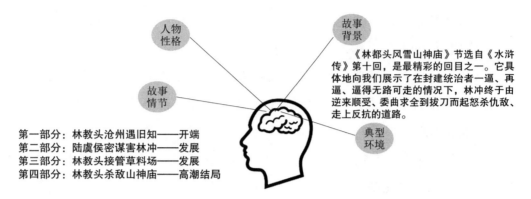

第一部分：林教头沧州遇旧知——开端
第二部分：陆虞侯密谋谋害林冲——发展
第三部分：林教头接管草料场——发展
第四部分：林教头杀敌山神庙——高潮结局

《林都头风雪山神庙》节选自《水浒传》第十回，是最精彩的回目之一。它具体地向我们展示了在封建统治者一逼、再逼、逼得无路可走的情况下，林冲终于由逆来顺受、委曲求全到拔刀而起怒杀仇敌、走上反抗的道路。

（二）快速浏览课文，找出能表现林冲性格的语句，并分析随着情节的发展，林冲的性格发生了什么样的变化？

（三）小组合作学习，并交流展示：分析林冲的性格，画出林冲性格发展的示意图

情节	沧州遇故知	买刀寻仇敌	接管草料场	雪夜杀仇敌
描写手法				
性格特点				

要求：1. 学生独立画出能表现林冲性格的语段并完成上表。

2. 小组交流讨论，组内相互补充订正。

3. 由一个小组进行成果展示，其余进行补充订正。

4. 学生总结林冲的性格特征：请用一句话说说林冲是个什么样的人？

明确：林冲的性格

（1）委曲求全的忍耐性格。作为一个禁军教头，他曾得到高俅的提携，他对他的顶头上司毕恭毕敬。即便是刺配沧州，言及高俅，仍称之为高太尉。这给人的感觉是林冲受罪乃因自己有过在前，而反观林冲之前的表现，无一不是逆来顺受。

（2）以牙还牙的报复心理。课文先借李小二的话"林教头是个性急的人，摸不着便要杀人放火"，侧面传达出林冲这一性格特征。当他得知陆谦、富安追至沧州欲加害于他时，不禁大怒，四处寻仇，最后在山神庙手刃仇敌，上了梁山，走

上反抗的道路。

（3）救弱济贫的侠义气概。作为达官显宦，林冲不同于谄上欺下的贪官污吏。他对下层百姓具有恻隐之心，是一个有正义感的将官。课文开头有关林冲救过李小二免送官司的插叙，充分说明了这一点。

（4）谨小慎微的细致个性。最能体现此点的就是在林冲往市井买酒之前，先将草屋里火炭盖了，而当他回到草屋时，发现两间草厅已被雪压倒，此时课文这样描写："恐怕火盆内有火炭延烧起来，搬开破壁子，探半身入去摸时，火盆内火种都被雪水浸灭了。"这些细节，固然对情节发展具有铺垫作用，但也生动地凸现出林冲个性中精细的一面。

四、课堂小结，学习回顾

中国古典小说，最初重故事叙述，轻视人物描写，后来人物和故事并重，《水浒传》正是这方面重大进步的代表。在今天的学习中，对人物的分析可以看出，文本中人物的性格都是通过人物本身的语言行动来展现的，无论是对杨志精明、谨慎、蛮横的性格特征的刻画，还是对晁盖等八人足智多谋、随机应变、团结应战的群体描写，都是把他们放在故事情节中，通过他们的语言和行动来展现的。《水浒传》塑造了一大批栩栩如生的人物形象。其中梁山好汉就有一百零八将，再加上其他陪衬人物，有几百人之多。这些人物大都形象鲜明，给人留下了深刻印象，其中尤以林冲、鲁智深、武松、吴用、李逵、宋江等人最具神采。作者在塑造这些粗豪、侠义的人物时，非常注意他们之间的共性和个性，例如鲁智深和李逵，同是疾恶如仇、侠肝义胆、脾气火暴的人物形象，但鲁智深粗中有细，豁达明理；李逵头脑简单，直爽率真。再如林冲和武松，同是小说浓墨重彩刻画之人，也都武艺高强，有勇有谋，但林冲曾是东京八十万禁军教头，有一定的社会地位，一直安分守己，循规蹈矩，最后是在万般无奈、忍无可忍的情况下才被逼上梁山的，是上层人物被迫造反的典型；而武松是个下层侠义之士，崇尚的是忠义，有仇必复，有恩必报。因此，从为兄报仇开始，武松斗杀西门庆，醉打蒋门神，大闹飞云浦，血溅鸳鸯楼，除恶蜈蚣岭，一步步走向反抗的道路，他是下层英雄好汉中最富有血性和传奇色彩的人物。

五、布置作业，巩固效果

你还知道哪些水浒人物以及和他（她）相关的故事呢？选择《水浒传》中自己感兴趣的章回，梳理文章情节，根据人物言行来具体分析性格特征。

六、总结课程，效果评价

篇目	评价内容	评价等级及比率				评价等级		
		优（★★★★★）	良好（★★★★）	一般（★★★）	需努力（★★）	自评	互评	教师评
《智取生辰纲》《鲁提辖拳打镇关西》《林教头风雪山神庙》	阅读过程	能根据老师的要求和自己的学习需求积极主动阅读文章。	能根据老师的要求主动完成阅读。	基本能根据老师的要求阅读。	没有根据老师的要求和自己的学习要求选择阅读。			
	学习笔记	学习笔记有条理、书写工整、详细完整准确。坚持及时记录阅读情况，并能坚持撰写学习心得。	学习笔记有条理、书写工整、较完整准确。及时记录阅读情况并能偶尔撰写学习心得。	学习笔记较潦草、不详细、不完整。及时记录阅读情况，很少撰写学习心得。	学习笔记潦草、不完整、不准确。未能及时记录阅读情况，无学习心得。			
	朗诵能力	流利朗读教材中的片段，除了能熟练背诵教材中的经典片段，还能背诵部分课外阅读的经典片段。	流利朗读教材中的片段，并能熟练背诵教材中的经典片段。	流利朗读教材中的片段，并能背诵部分教材中的经典片段。	基本熟练地朗读教材中的片段。			
	学习交流	积极参加学习交流活动，乐于与人分享学习感受。能说出主要故事情节的大意，并能概括主要人物性格特点。	积极参加学习交流活动，乐于与人分享学习感受。能说出部分故事情节的大意。	被动地参加学习交流活动，只能说出很少的故事情节及大意。	不乐意参加学习交流活动，不愿与他人分享阅读心得。			

【教学反思】

一、群文阅读教学

《义务教育阶段语文课程标准（2022年版）》中要求第四学段（7—9年级）学生要构建阅读整本书的经验，探索个性化阅读方法，分享阅读感受，开展合作探究。因而在设计这堂课时，从课内到课外、以课内引课外是设计初衷，由此确定了明确的教学目标：一是指导学生结合课内知识，掌握学习古典名著以及分析人物的方法，完成课文《智取生辰纲》的教学任务。二是引导学生自主学习课外文本《鲁提辖拳打镇关西》《林教头风雪山神庙》，概括故事情节，赏析人物形象。但是在提供多种阅读方法、指导学生深入阅读、激发学生的阅读兴趣方面稍显欠缺，留下了些许遗憾。今后在整本书阅读教学中，应注重构建阅读整本书的经验，做好方法指导。

二、支架式教学

本课在教学过程中搭建了范例支架。范例就是指可以当作典范的例子，范例支架是指符合学习目标要求的学习成果（或阶段性成果），包含了特定主题的学习中最重要的探究步骤或最典型的成果形式。从学生的"最近发展区"出发，在学习新知识之前，为学生提供一个范例，其实质就是提供某种意义的参考和借鉴，让学生受到启发，以顺利地完成学习任务。如《智取生辰纲》的教学环节就是教师对于如何学习名著片段做出的范例，对学生后期的学习起到引导作用。范例展示可以帮助学生较为便捷地达到学习目标。教师在展示范例教学时，可以引导学习，把故事情节、人物性格的概括方法以及过程展现给学生，最后以一个完整的学习例子呈现给学生。在学生学习的过程中，适时地进行辅导，结合导学案，将学生不会的内容进行提示、引导，直到学生学会为止，以提高教学的效率。

在教学中，有些内容不用教师过多讲解，应让学生去尝试、去体会、去感受，学生自然而然就能领悟，并与作者的思想达到一致，还有可能产生自己独特的理解。在引导学生阅读整本小说的教学中，这一点同样适用。总的来说，这堂课教学环节很清楚，在整个教学过程中，从课堂的整体氛围来看学生的兴趣得到了充分的调动。课前游戏猜水浒人物，简单且能激发学生的好奇心使不同程度的学生都能参与课堂，为课堂教学做了很好的铺垫。

（设计者：青海昆仑中学　韩忠萍）

【链接材料一】

《鲁提辖拳打镇关西》《林教头风雪山神庙》导学案

【学习目标】

1. 掌握文章中的重要词语，把握故事情节。

2. 学习通过语言、行动、心理描写等表现人物性格的写法。

一、文体知识链接

1. 小说与诗歌、散文、戏剧并称为四大文学体裁。

2. 小说以塑造人物形象为中心，通过故事情节叙述和环境描写反映社会生活。

3. 小说必须具备生动的人物形象、完整的故事情节和人物活动的具体环境这三个要素。

4. 故事情节是作品所描写的生活事件发展、演变的全过程。小说的情节一般可以分为开端、发展、高潮、结局四个部分，有些小说还具有序幕、尾声两部分；

（1）开端是作品所反映的矛盾冲突的第一件事；

（2）发展是作品中矛盾冲突从展开到激化的演变过程；

（3）高潮是决定矛盾各方的命运和主要矛盾即将解决的关键时刻，是矛盾冲突发展到顶点，人物的思想斗争最紧张、最激烈、最尖锐的阶段；

（4）结局是矛盾得到解决，人物性格的发展已经完成，事件有了最后的结果，主题思想得到充分展现，是情节发展的必然结果；

5. 人物形象：在小说塑造的人物中，体现了作者的创作意图和作品所要表现的主题思想的人物是小说的中心人物，也叫做主人公。人物形象的核心是人物表现出来的思想性格，只有分析好小说的人物形象，才能很好地分析小说的主题思想。

二、与课文内容相关的知识链接

宋元时，女真、蒙古贵族先后南侵，广大人民处于阶级和民族双重压迫之下。他们把自己的生活经验和美好理想，寄寓于"劫富济贫""扶危济困"的起义英雄形象中。于是关于水浒的故事，便越流传越丰富。元末明初施耐庵等人在表现水浒故事的话本、杂剧等多种艺术形式创作的基础上，加工编写成了《水浒传》。

【链接材料二】

《鲁提辖拳打镇关西》

一、读准字音

唱喏（　　） 聒噪（　　） 恁地（　　） 懦弱（　　）

能彀（　　） 揸开（　　） 赊欠（　　） 迸裂（　　）

腌臜（　　）（　　）

二、探究学习

（一）根据小说情节的开端、发展、高潮、结局，课文大致可分成以下几个部分：

开端_____

发展_____

高潮_____

结局_____

（二）分析人物形象

1.按照以上层次划分的四个阶段，分别找出有关鲁达的语言、动作和心理活动描写的句子，并分析这些句子各体现了鲁达怎样的性格特点。

2.进行交流讨论。

（1）酒楼会友倾听控诉

动作：丢在地上　　　　　　摸出银子

语言：大骂郑屠　　　　　　说李忠不爽利

（2）客店送行

动作：打店小二

（3）拳打郑屠

语言：三次消遣郑屠　　　　　打前骂郑屠

动作：三拳打死镇关西

（4）智走他乡

心理活动和语言：

（三）归纳小结：鲁达是一个什么样的人？

【链接材料三】

《林教头风雪山神庙》

一、读准下列字音

赍发（　　）　投奔（　　）　玷辱（　　）　模样（　　）　酒馔（　　）

呐出了（　　）　陆虞候（　　）　连累（　　）　髭须（　　）　提防（　　）

洗漱（　　）　消耗（　　）　盘缠（　　）　彤云（　　）　仓廒（　　）

毡笠（　　）　拽（　　）　剜（　　）　草帚儿（　　）

掇（　　　）屋檐（　　　）央浼（　　　）搁倒（　　　）庇祐（　　　）

二、请找出与故事情节相关的地点

三、概括出在这些地点分别发生了什么事件

方法提示：任务＋事件

四、把握故事情节，理清线索

序幕＿＿＿＿＿＿＿＿＿＿＿＿＿＿＿＿＿＿＿＿＿＿＿＿＿＿＿＿＿

开端＿＿＿＿＿＿＿＿＿＿＿＿＿＿＿＿＿＿＿＿＿＿＿＿＿＿＿＿＿

发展＿＿＿＿＿＿＿＿＿＿＿＿＿＿＿＿＿＿＿＿＿＿＿＿＿＿＿＿＿

高潮、结局＿＿＿＿＿＿＿＿＿＿＿＿＿＿＿＿＿＿＿＿＿＿＿＿＿＿＿

五、请你结合本文的具体情节来分析人物的性格特征

品浮萍意象之变化　悟爱国情感之忠贞

《过零丁洋》《景定壬戌司户弟生日有感赋诗》
《幕客载酒舟中即席序别》群文阅读

【教材分析】

本教学设计选自语文教材九年级下册第六单元《诗词曲五首》，本单元所选择的文章，既可以启迪学生的智慧，又可以让学生感受仁人志士"天下兴亡，匹夫有责"的责任感和担当精神。

《诗词曲五首》或写战争的残酷，或写慷慨激昂的爱国热情，读起来振聋发聩、动人心弦。本次教学设计的讲读篇目为《过零丁洋》，此诗是文天祥的代表作，是他在被俘次年（1279 年），被押解路过零丁洋时所作。诗歌表现了文天祥忠贞为国、视死如归的决心以及崇高的民族气节。诗歌将个人命运与国家命运联系在一起，巧妙运用了地名与心情的双关语，全诗气势磅礴，情调高昂。

《景定壬戌司户弟生日有感赋诗》《幕客载酒舟中即席序别》《过零丁洋》三首诗是作者文天祥处于不同时期创作的作品，这三篇作品是文天祥不同时期的代表，为我们展现了文天祥不同时期的故事。这三首诗均选用了"浮萍"意象，根据作者不同时期的思想内涵，赋予了"浮萍"意象不同的精神内涵。通过这三首古诗的学习，不仅能更好地领悟作者文天祥思想情感变化的过程，更能进一步理解"浮萍"意象的精神内涵。

【学情分析】

《义务教育语文课程标准（2022 年版）》中要求学生阅读表现人与社会、人与他人的古今优秀诗歌、散文、小说、戏剧等文学作品，学习欣赏、品味作品的语言、形象等，交流审美感受，体会作品的情感和思想内涵。

由于中考语文古诗词为课内古诗词，学生普遍只重视课内古诗词知识的识记与背诵，阅读、欣赏古诗词的能力非常薄弱。大部分学生学习古诗词的方法为笔记法、背诵法，多为被动学习，不利于学生核心素养的形成和发展。

本教学设计采用群文阅读教学，讲读《过零丁洋》，自读《景定壬戌司户弟生日有感赋诗》《幕客载酒舟中即席序别》，指导学生学以致用，运用已学的方法感悟古诗、赏析古诗，提高自己的欣赏品味。教学设计通过支架搭建，强化学生自主学习的能力，培养在已有知识和将要学习的知识间搭建支架的能力，帮助学生有效地获得知识。

【教学目标】

1. 反复诵读，理解作品的内涵，感受古人强烈的家国情怀。

2. 分析意象，学习鉴赏诗歌的方法。

3. 小组合作探究，学习两首课外古诗，体会作者思想感情的变化，理解"浮萍"意象的内涵。

【教学重难点】

教学重点：分析意象，学习鉴赏诗歌的方法。

教学难点：小组合作探究，学习两首课外古诗，体会作者思想感情的上升变化，理解"浮萍"意象的精神内涵。

【教学课时】两课时

第一课时

【课时目标】

1. 学习鉴赏诗歌的方法，从意象、表现手法等角度来鉴赏诗歌。

2. 理解诗歌的内涵，感受作者表达的情感。

【教学过程】

一、情境导入

一生寥落忧家国，一片丹心映千古。同学们，你们能说说这是哪首诗歌吗？让我们穿越千古，聆听诗人用鲜血和生命谱写的理想人生的赞歌，感受诗人用正气和豪情谱写的爱国主义的诗篇。

设计意图：激发学生完成对问题的思考，积极投入课堂。

二、协作学习：阅作者之生平，演作者之经历

（一）情景表演：课前按照小组分工，采用线上线下相结合的方式安排任务，引导学生查阅书籍、运用网络等方法，了解作者生平情况及古诗背景。课堂上以小组为单位进行展示，激发学生兴趣，促使学生充分了解作者文天祥。

（二）朗读展示：表演结束后学生代表朗读诗歌，学生集体朗读诗歌，掌握诗歌的字音与节奏。

资源：1279 年，文天祥被俘以后，张弘范派李恒请他诱降张世杰，文天祥义正辞严地拒绝了，并把自己在正月十二日所写的《过零丁洋》这首诗抄给了李恒。这首诗是文天祥被张弘范挟持乘船去崖山经过零丁洋（香港、澳门之间的海面）时有感而作。

设计意图：情境表演环节让学生在互动中完成对文天祥的了解，朗读不仅能提高学生的语言表现力，更能帮助学生初步理解诗歌。

情景表演评价表			
	自评	组评	教师评
表演展示了作者的主要生平事迹，让你了解了文天祥。（25分）			
表演展现了《过零丁洋》的创作背景，让你了解了诗歌背景。（25分）			
表演生动、得体、有个性。（25分）			
语言文明得体，形象生动。（25分）			
总分（100分）			
评价要求：在课堂上学生以小组为单位，对其他同学的描写进行点评、修改，完成评价表。 评价说明：80分以上为优秀，60—80分为合格，60分以下为不合格。			

三、合作探究：品古诗之内涵，感爱国之真义

过零丁洋

〔宋〕文天祥

辛苦遭逢起一经，干戈寥落四周星。

山河破碎风飘絮，身世浮沉雨打萍。

惶恐滩头说惶恐，零丁洋里叹零丁。

人生自古谁无死？留取丹心照汗青。

教师提问：小组表演让我们了解了古诗的创作背景。首联作者写了科举考试入仕做官和国家起兵抗元这两件事，这两件事给作者的感受是什么？请找出诗句中的两个词。

教师追问：作者为什么会有这样的感受呢？小组讨论后派一位代表回答。

教师点拨：起兵抗元之后，文天祥竭尽全力苦苦支撑，可是国家却危在旦夕，自己也身陷敌手，想到这些，作者不禁悲从中来。

诵读要求：快速对首联进行背诵。

教师提问：颔联运用了哪两个意象？联系课下注释，能说说这两个意象本身的含义吗？

教师提问：这两个意象在颔联中分别指具体的哪两个形象？这两个形象有联系吗？

教师追问：结合修辞手法，小组讨论后，派一位代表说一说颔联表达了作者什么样的思想感情？

教师点拨：运用对偶、比喻的修辞手法，表现了大宋国势危亡如风中柳絮，自己一生坎坷如雨中浮萍。将国家命运与个人命运相联系，经历艰辛危苦，抒发了国破家亡的悲哀，表达了作者忧国伤怀之情。

诵读要求：快速对颔联进行背诵。

教师提问：惶恐滩和零丁洋这两个地名，为什么在颈联中出现了两次？表达的内容是一样的吗？两者又有什么联系呢？小组讨论后派一位代表问答。

教师点拨：地名与作者心情的双关。前面的"惶恐滩""零丁洋"是地点，后面的"惶恐""零丁"则描写了作者的心情。地名渲染了形势的险恶和境况的疾苦，表达了作者以死报国、忠贞不屈的民族气节与爱国之情。

诵读要求：快速对颈联进行背诵。

教师提问：尾联诗人慷慨陈词，直抒胸中正气，表达了怎样的思想感情？

教师点拨：为祖国舍生取义，一片丹心永垂史册。表现了作者忠贞为国、视死如归的爱国精神，以死明志、为国捐躯的民族气节，体现了作者矢志不渝、为国献身的英雄形象。

诵读要求：快速对尾联进行背诵。

设计意图：在学习过程中，教师用不同层次、不同角度的问题搭建学习支架，引起学生参与学习的兴趣与热情，激发其学习动力，培养学生的问题意识，实现学生由已知知识向未知知识的探索，帮助学生进行自主学习，达到鉴赏诗歌、感受作者情感的目的。

四、独立探索：诵诗人之绝唱，写志士之气节

诵读竞赛：分小组进行背诵大比拼。

仿写训练：

"人生自古谁无死？留取丹青照汗青"，我仿佛听到谭嗣同用碧血丹心唤起国人革命的意识，我仿佛看到陆游用血肉之躯保卫挚爱国土的画面；_____，_____。

设计意图：引导学生读写结合，真情实感地表达自己对爱国志士人生经历的思考，培育民族气节和爱国主义情怀。

五、课堂小结

"人生自古谁无死？留取丹青照汗青。"面对风雨飘摇的国家，他挺身而出；面对威逼利诱的敌人，他宁死不屈。文天祥一生寥落忧家国，一片丹心映千古，他用生命完美诠释了坚贞与忠义。也正是无数个像文天祥这样的英烈先贤，撑起了中华民族高耸的脊梁！

六、作业设计

1. "读诗须想象"，请描绘"惶恐滩头说惶恐，零丁洋里叹零丁"所展现的画面。

2. 小组合作，办一期文天祥小报，将作业第一题运用其中。

提示：内容可围绕文天祥的生平经历、精神品质等，形式丰富多样，重点突出，语言规范，图文并茂，小报构图美观。

七、板书设计

八、学生课堂学习评价

课堂学习评价表

	自评	组评	教师评
能充分了解文天祥的生平经历和古诗背景。（20分）			
课堂上能认真思考老师的问题，并形成自己的答案。（20分）			
在合作探究中，与同学积极讨论，互帮互助。（20分）			
在诵读竞赛中，能流利地、有感情地背诵古诗。（20分）			
在仿写训练中，能写出格式正确、内容丰富、语言优美的仿写句。（20分）			
总分（100分）			

评价要求：在课堂上学生以小组为单位，对其他同学的描写进行点评、修改，完成项目任务评价表。

评价说明：80分以上为优秀，60—80分为合格，60分以下为不合格。

第二课时

【课时目标】

1.通过分析意象学习鉴赏诗歌的方法。

2.小组合作探究，学习两首课外古诗，体会作者思想感情的变化，理解"浮萍"意象的内涵。

【教学过程】

一、情境导入

同学们，《说文·水部》这样解释浮萍："萍，水草也，从水苹，苹亦声，薄经切。"浮萍，一种水草，无根浮水而生。正是由于它随风漂浮，无依无靠，所以在诗歌意象中，它常常象征着人们无可奈何，漂泊无依。但是在文天祥的诗歌中，浮萍又有着不一样的意蕴，下面，让我们诗歌联动，感悟内涵。

设计意图：学生能利用自己原有认知结构中的有关知识与经验，学习新知识，赋予新知识以某种意义。

二、协作学习：查古诗之背景，析古诗之涵义

景定壬戌司户弟生日有感赋诗

〔宋〕文天祥

夏中与秋仲，兄弟客京华。椒柏同欢贺，萍蓬可叹嗟。

孤云在何处，明岁却谁家。料想亲帏喜，中堂自点茶。

《幕客载酒舟中即席序别》

故人满江海，游子下潇湘。梦载月千里，意行云一方。

橹声人语小，岸影客心长。总是浮萍迹，飞花莫近樯。

资源：景定三年（1262 年）三月初三日，文天祥从家乡赴京出任秘书省正字，恰好这一天是胞弟文璧的二十四岁生日。文天祥刚刚经历了外祖父曾珏去世之痛，又想到远在临安的弟弟，于是写下了这首《景定壬戌司户弟生日有感赋诗》。

《幕客载酒舟中即席序别》为文天祥前期诗歌作品。文天祥品格正直，一心为朝廷、为国家着想，然而奸臣当道，他却不会委曲求全、阿谀奉承，因此三次被罢黜。文天祥被罢官期间，曾退居在文山，创作了这首诗歌。

学习任务：这两首古诗中，请你分别挑出一句最喜欢的诗句，并描绘其所展现的画面。

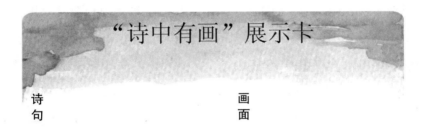

诗
句　　　　　　　　　　　　画
　　　　　　　　　　　　　　面

学习任务：在古诗鉴赏中，我们可以通过多种角度进行诗词鉴赏，如意象分析、修辞手法分析、动静结合、调动感官等写作手法进行分析。请结合所学的知识，小组合作进行赏析，分析"孤云在何处，明岁却谁家""橹声人语小，岸影客心长"两句古诗，完成古诗赏析卡。

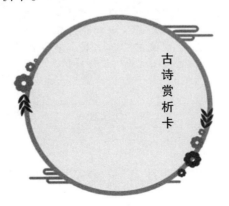

设计意图：以文带文，课前小组分工，引导学生查阅书籍、运用网络，帮助学生熟悉两首古诗的创作背景。通过活动设计引导学生体会诗中有画、画中有诗的特点，帮助学生读懂古诗，领悟意义。

三、合作探究：思浮萍之内涵，悟诗歌之情感

根据第一课时所学习的鉴赏诗歌方法，延伸至课外古诗的鉴赏，拓展古诗鉴赏的深度。教师在诗歌重点、难点赏析方面设置学习支架，通过有效提问的方式引起学生的关注，引发学生的思考，开展自主探究或协作学习。

教师提问：找出这两首诗歌浮萍的意象，并想想这两首诗的浮萍有什么含义？小组合作完成后派代表回答。

教师追问：根据不同的浮萍意象，你们能说说这两首诗的思想感情吗？小组合作完成后派代表回答。

教师点拨：《幕客载酒舟中即席序别》可联系背景支架和教材九年级上册第三单元的《岳阳楼记》，结合"居庙堂之高则忧其民，处江湖之远则忧其君"语句分析，帮助学生理解本诗思想。

设计意图：运用问题支架、图表支架，问题支架能引起学生参与学习的兴趣和热情，激发学习动力，拓展其思维空间；图表支架能帮助学生思考、整理思路，并能展示学生的思维过程，使之外显化。

古诗对比表

《景定壬戌司户弟生日有感赋诗》	《幕客载酒舟中即席序别》	《过零丁洋》
浮萍意象之含义		
个人孤独寂寞之感	被罢黜的忧伤怅惘之情	与国家命运相联系
诗歌理解		
文天祥把兄弟二人的离别比作"萍蓬"，既表现了兄弟二人的兄弟情深，又表现了作者思念亲人的忧伤之情。	作者虽然身处江湖之远，但仍然惦念着风雨飘摇的国家和处于动乱之中的人民，表现了作者忧国忧民的思想感情。	表现了作者忠贞为国、视死如归的爱国精神，以死明志、为国捐躯的民族气节，矢志不渝、为国献身的英雄形象。
情感升华		
思亲念亲	忧国忧民	舍生取义

四、课堂小结

无论是"我亦青原人，君遗明月光"的爱家亲情，还是"近来又报秋风紧，颇

觉忧时鬓欲斑"的忧国意识,抑或"人生自古谁无死,留取丹青照汗青"的忠贞情感,都是文天祥对祖国最美的告白。希望我们也能对祖国进行最精彩的告白!

五、作业设计

小组合作,结合本节课所学的知识,根据意象"柳絮",对以下两首诗歌进行分析。

过零丁洋

〔宋〕文天祥

辛苦遭逢起一经,干戈寥落四周星。

山河破碎风飘絮,身世浮沉雨打萍。

惶恐滩头说惶恐,零丁洋里叹零丁。

人生自古谁无死?留取丹心照汗青。

用前人韵招山行以春为期

〔宋〕文天祥

扫残竹径随人坐,凿破苔矶到处棋。

一水楼台开晓镜,万山花木放春闲。

雪中便有回舟兴,林下岂无烧笋时。

莫待东风吹柳絮,眼穿笼鹤绕湖飞。

六、板书设计

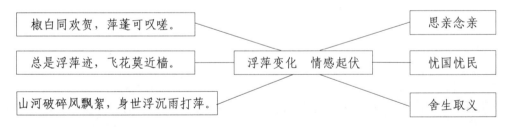

七、学生课堂学习评价

课堂学习评价表			
	自评	组评	教师评
充分了解课外两首古诗的背景,能够用自己的语言叙述诗歌的内容。(25分)			
语言准确生动地描绘诗句中的画面,达到诗中有画、画中有诗的效果。(25分)			
能够运用修辞手法、表现手法等多种方式方法赏析诗歌语句。(25分)			
通过合作探究,能够完成表格,理解诗歌含义和作者情感。(25分)			
总分(100分)			
评价要求:在课堂上学生以小组为单位,对其他同学的描写进行点评、修改,完成项目任务评价表。 评价说明:80分以上为优秀,60—80分为合格,60分以下为不合格。			

【教学反思】

本篇教学设计运用支架式教学法，既满足了《义务教育语文课程标准（2022年版）》的总目标要求，又锻炼了学生的思维能力，帮助学生实现了核心素养的提升。

一、群文阅读教学

本篇教学设计利用群文教学，使课内阅读和课外拓展有效结合、融会贯通、互相补充，深化阅读课堂，增强课程实施的情境性和实践性，促进学习方式变革。本教学设计引导学生综合运用朗读、评述等方法学习作品，感受古诗语言、形象、情感等方面的独特魅力，提升审美能力和审美品味，引导学生成长为主动的阅读者、积极的分享者和有创意的表达者。值得一提的是，本次教学设计选择的三首诗歌，都基于同一意象"浮萍"，但意象的含义有所区别，诗歌所表达的思想感情上也是层层递进的，这对于学生欣赏文天祥的诗歌作品、锻炼语文逻辑思维能力都是有所帮助的。另外本教学设计重视评价的导向作用，选择恰当的评价方式，关注学生的学习过程和学习进步，评价学生内容时关注研讨、交流和表达，注重评价主体的多元，关注学生知识掌握、认知过程、思维方式、态度情感等方面的表现，深入分析这些表现及其影响因素，及时给予学生有针对性的指导。

二、支架式教学

本教学设计以浮萍意象为桥梁，先通过对《过零丁洋》的详细解读，帮助学生掌握意象的分析方法，联系已学内容（比喻、对偶的修辞手法等），搭建情境支架、问题支架、图表支架等，环环相扣，推进课堂教学发展，最终使学生自主运用诗歌的鉴赏方法，领悟诗歌的精神内涵，收获诗歌的思想感情。本教学设计搭建的支架能够帮助学生挖掘自身潜力，培养思维能力，达成学习目标。学生借助不同的支架进行学习，不仅收获了知识，完成了学习任务，还收获了诗歌带来的审美乐趣。

（设计者：西宁市第一中学　程晓林）

辗转在命运的长河——走进李清照

《如梦令》《一剪梅》《武陵春》群文阅读

【教材分析】

《如梦令》是李清照早期之作，回忆了少女时代饶有兴味的记游往事。这首词用语简练，只选取几个片段，把移动着的风景和作者怡然的心情融合在一起，让人不由得想随她一道荷丛荡舟，沉醉不归。正所谓"少年情怀自是得"。这首词不事雕琢，富有一种自然之美。

《一剪梅》是一首倾诉相思、别愁之苦的词。这首词在黄昇《花庵词选》中题作"别愁"，是李清照写给新婚未久即离家外出的丈夫赵明诚的，她诉说了自己独居生活的孤独寂寞，表达了急切盼望丈夫早日归来的心情。

《武陵春》为作者中年孀居后所作，这时她因金人南下，几经丧乱，志同道合的丈夫赵明诚早已逝世，自己只身流落金华，眼前所见的是一年一度的春景，睹物思人，借暮春之景，词人写出了内心深处的苦闷和忧愁。全词语言优美，意境有言尽而意不尽之美。这首词以第一人称的口吻，用深沉忧郁的旋律，塑造了一个孤苦凄凉环境中流荡无依的才女形象。整首词写得极其含蓄委婉，但又极具起伏变化，于"短幅中藏无数曲折"。

【学情分析】

三首词都是宋代女词人李清照的代表作之一，它很好地体现了"易安体"的艺术风格。首先，九年级学生已经学习了不少诗词，对诗词也有一定的了解，加之他们的思想正处在走向成熟的过渡期，让学生反复朗读词，能感受到作者之愁。其次，九年级学生已经有了一定的文学感受力，只是在表达上还是有一些欠缺，所以通过对诗词意象的探究、修辞的理解，可以使学生更好掌握表达感情的手法。

【教学目标的确定依据】

《义务教育语文课程标准（2022年版）》指出"诵读古代诗词，阅读浅易文言文，能借助注释和工具书理解基本内容。注重积累、感悟和运用，提高自己的欣赏品位。"

读一组诗歌、品一个意象、解一种人生，重点是培养学生的感悟形象能力和逻辑思维能力，提升学生思维的深刻性、创造性，难点是通过群文阅读，理解李清照既有巾帼之淑贤，更兼须眉之刚毅，了解她卓越的才华及跌宕起伏的人生。课堂呈现板块化，通过四读清照，感悟体会其情、志、才，引领学生进行个性探究，汲取思想精华，使课堂更深远丰富。

【教学目标】

1. 比较阅读，了解李清照的人生经历，明确不同时期、不同境遇下的创作风格。

2. 品读诗歌，学习赏析古典诗词的方法，感受李清照命运的坎坷，体会她丰富的精神世界。

3. 通过群文阅读，分析词人不同时期"舟"的意象。

【教学重难点】

品读诗歌，学习赏析古典诗词的方法，感受李清照不同人生阶段的形象和心灵世界。

【教学课时】一课时

【教学过程】

一、导入新课

初次见面，给同学们带来一份见面礼，这份见面礼是一幅对联，上联是："大河百代，众浪齐奔，淘尽万古英雄汉。"下联是："词苑千载，群芳竞秀，盛开一枝女儿花。"聪明的同学们一定已经猜出这支女儿花的芳名是——李清照。正是这位宋代婉约派女词人，以她卓尔不群的气质与横空出世的才华，在中国古典文学的阆苑中独树一帜。今天我们就要走近这位旷世才女，拾起从她衣袖中飘落的一瓣春花，轻嗅她的芬芳，倾听她的叹息。

二、初识少女纯真——回顾《如梦令》

如梦令

〔宋〕李清照

常记溪亭日暮，沉醉不知归路，

兴尽晚回舟，误入藕花深处。

争渡，争渡，惊起一滩鸥鹭。

（一）作者回顾

哪位同学可以在你记忆的长河中，搜寻到曾经学过的李清照的诗词？

（二）诗词回顾：《如梦令》

1. 请同学们一起朗诵这首词。

2. 这首词写的是什么季节？具体什么时间？分别从哪些词可以看出来？（夏季、黄昏、藕花、日暮）

3. 哪个词语可以看出是在回忆往事？（常记）

4. 作者出游一日，心情如何？从哪个词可以看出来？（兴尽）

5. 这首词表现了作者怎样的思想感情？

小结：《如梦令》中写的是作者少女时代无忧无虑的生活和开朗、愉快的心情，真是"少年不识愁滋味"啊！然而，随着年龄的增长和生活的变迁，女词人还能一如既往地做个快乐天使吗？我们带着这个疑问，一起走进《一剪梅》。

三、相遇少妇幽思——再见《一剪梅》

一剪梅

〔宋〕李清照

红藕香残玉簟秋。轻解罗裳，独上兰舟。

云中谁寄锦书来？雁字回时，月满西楼。

花自飘零水自流，一种相思，两处闲愁。

此情无计可消除，才下眉头，却上心头。

（一）全班轻声读，扫除阅读障碍

（二）听教师范读，掌握朗读节奏

（三）学生自由读，体会诗人情感

在诵读的过程中，我们用心灵体会了作者的情感，那么，该如何品读这首词呢？

（四）品味语言

方法指导：联系词人的生活背景来品读；抓住词中选择的意象来品读；

从炼字炼句的角度，抓重点字句品读词的语言美；抓住词中直接抒情的句子来品读。

1. 词的上片有哪些典型意象？这些意象描绘了一幅怎样的景象？

2. 词的下片直接抒情的语句是？抒发了作者什么样的情感？

小结：在整首词中，上片作者运用虚实结合的手法写景叙事，下片作者借景抒情，抒发了对远在他乡丈夫的无限思念之情。

四、感叹老妪凄凉——哀叹《武陵春》

随着世事的变迁，人也在不断变化中，公元 1127 年，金兵长驱直入，攻下北宋都城汴京，北宋灭亡，史称"靖康之变"。词人举家南迁，这首《武陵春》便是她南渡后写下的。

武陵春

〔宋〕李清照

风住尘香花已尽，日晚倦梳头。物是人非事事休，欲语泪先流。

闻说双溪春尚好，也拟泛轻舟。只恐双溪舴艋舟，载不动许多愁。

学生探究学习《武陵春》

（一）字正腔圆初读词

自读全词，注意读准字音、读出节奏。

（二）知人论世解其意

背景：金军挥兵南侵，李清照为避兵乱，只身流亡寓居浙江金华时写了这首词。时年 53 岁，经历了国家败亡、家乡沦陷、文物丧失、丈夫病死等，处境凄惨，内心极其悲痛。

（三）熟读深思意自知

书读百遍其义自见，请同学们结合注释，仔细朗读全词，理解词的意思。

（四）字斟句酌寻愁踪

1. 这首词围绕哪个字展开的？

2. 词的上片通过哪些外在行为表现词人内心的愁苦?

3. 我们知道人在最激动的时刻,常常借眼泪来宣泄内心的痛苦,苏轼因梦见亡妻而"相顾无言,惟有泪千行",柳永因和爱人分别而"执手相看泪眼,竟无语凝噎",而李清照呢? 她欲语泪先流又是为何呢?

4. "只恐双溪舴艋舟,载不动许多愁"一句将"愁"这个无形之物化为有形之物,历来被后人所称颂,你认为它妙在哪里?

小结:李白的"抽刀断水水更流,举杯消愁愁更愁"写出了愁的韧度,李煜的"问君能有几多愁,恰似一江春水向东流"量出了愁的长度,而李清照呢,经历了飘零之苦、寡居之悲、亡国之恨,别出心裁地称出了愁的重量,其才情可见一斑。

我们通过学习《武陵春》,感受到了李清照内心的愁苦,我们要领略她遣词造境的文学才华,可以联系词人的生活背景来品读,抓住词中选择的意象来品读,从炼字炼句的角度来品读,抓住词中直接抒情的句子来品读。

五、品读诗词意象,感悟易安情愁

(一)读完这三首词,罗列李清照入词的意象,你有何发现? 她三首词意象有何相同点?

作品	意象	关键词	情感
《如梦令》	溪亭、日暮、归路、舟、藕花、鸥鹭	兴尽	少女之乐,欢快之情
《一剪梅》	红藕、玉簟、兰舟、云、雁、西楼、水	闲愁	无限思念之情
《武陵春》	风、日、双溪、舴艋舟	许多愁	飘零之苦、寡居之悲、亡国之恨

结论:"舟"是李清照这三首词共同的意象。

(二)整合三首词中含有"舟"的词句,诵读欣赏,你分别从这三首词中,看到了怎样的"舟"?

《如梦令》的"舟",是少女之舟,轻快之舟,欢乐之舟,憧憬之舟,希望之舟……

《一剪梅》的"舟",是相思之舟,寂寞之舟,孤独之舟,盼望之舟,甜蜜之舟……

《武陵春》的"舟",是残年之舟,痛苦之舟,离乱之舟,伤痛之舟,沉重之舟……

(三)选择其中的一句,说说你透过"舟",看到了什么?

兴尽晚回舟,误入藕花深处。

轻解罗裳，独上兰舟。

只恐双溪舴艋舟，载不动许多愁。

例如：透过"兴尽晚回舟"的"舟"，看到了易安快乐的少女时代，天真烂漫。

学生1：透过"兴尽晚回舟"的"舟"，看到了少女时期的易安喜欢郊游，兴致勃勃。

学生2：透过"兴尽晚回舟"的"舟"，看到了她充满生命活力，热爱自然，朝气蓬勃。

例如：透过"独上兰舟"的"舟"，看到了李清照独守空房，等待丈夫归来的甜蜜与孤独。

学生3.透过"独上兰舟"的"舟"，看到新婚后的易安生活安稳，岁月静好。

例如：透过"只恐双溪舴艋舟"的"舟"，看到历经劫难后的清照悲伤荒凉，让人唏嘘。

学生4.透过"只恐双溪舴艋舟"的"舟"，看到烽火连天的清照孑然一身，孤苦无依。

学生5.透过"只恐双溪舴艋舟"的"舟"，看到与丈夫阴阳两隔的切肤之痛，伤感沉重。

（四）"舟"是古典诗词中是常用的意象之一，我们来一个关于"舟"的飞花令，"舟"一般寄寓着文人们怎样的生命追求？

"人生在世不称意，明朝散发弄扁舟"是李白放浪江湖的潇洒。

"客路青山外，行舟绿水前"是王湾远赴他乡的迢远。

"亲朋无一字，老病有孤舟"是杜甫飘泊异乡的无助。

"孤舟蓑笠翁，独钓寒江雪"是柳宗元高洁傲岸的独白。

"九万里风鹏正举，风休住，蓬舟吹取三山去"是李清照追求理想的高远。

总结：李清照曾经享受过幸福、美好、富足、休闲的生活，也经历了国破、家败、丧夫、物丢等苦难，而她一位女性作家以独特的创作成为中国古代文学史上一道亮丽的风景，李清照以她独立的品格、坚强的个性、细腻的情感、开阔的眼光及她特有的艺术创造力，成就了在婉约派"一代词宗"的地位。李清照借助"舟"，表达出她对自由辽远天地的追求；李清照借助"舟"，表达出她不愿拘囿一隅的心愿；李清照借助"舟"，表达出她对生命流转的渴望。

愿李清照及她的作品永远流传，在我们心中永远散发特有的那抹芳香！

六、板书设计

《如梦令》→ 沉醉、尽兴 —— 少女之乐

《一剪梅》→ 红藕、云雁 —— 舟 —— 少妇之思

《武陵春》→ 倦梳头、泪先流 —— 老妪之愁

【教学反思】

一、群文阅读教学

初中古诗文"群文阅读"是一种具有突破性的阅读教学实践，只要我们认真做好课前准备、上好每一节课、设计好课后作业，这种教学方式就可以让学生真正从课内走向课外，增加学生的阅读量，拓宽学生的知识面，提升他们独立思考、发现问题、迁移联想的能力。在对初中生进行文言文教学时，运用群文阅读教学方式，不仅能够激发学生的学习兴趣，还能够有效促进学生对古诗词内容的理解。每一个古诗或古文的群组，并不是随机地组合，是根据某一个议题组合在一起。可以以写作手法组群、以诗歌的主题组群、以作者组群，这堂课是以诗歌的意象组群。

二、支架式教学

该教学设计通过支架搭建，帮助学生理解文义，解决学习中的困难，帮助学生顺利地建构活动，直至完成学习任务。

搭建支架，进入情境：本篇课文搭建有问题支架，从文本的不同角度提出问题，通过学生对问题的解答，准确掌握相关知识，更有助于学生的自我表达。例如：讨论三首词的共同意象，在探讨意象中再次深入研读文本，感悟作者的人生态度。在群文中，知人论世，了解李清照创作的不同背景，将学生带入各个情境中，有助于学生结合不同的情境及背景理解文本，表达自己对文本的理解，抒发自己的情感。

独立探索，协作学习：学生通过群文阅读进行归纳总结，感受李清照不同阶段的精神世界。通过三首诗的阅读，共同探究、感悟诗词的意象，真正走进文本，走进作者。学生在研读、迁移的基础上，对李清照不同阶段的诗词进行探究，让学生自主地去阅读、理解、质疑、发现，真正达到提高发展学生阅读能力的效果。

（设计者：西宁市第七中学　徐丽）

"欲扬先抑" 文中学

——基于群文阅读的写作手法教学设计

【教材分析】

初中语文教材中的很多课文是学生学习写作方法的经典范文。写作知识或写作技巧训练的"点"隐藏在这些课文中。有的暗含在课文中，有的体现在习题设计之中。例如八年级上册《列夫·托尔斯泰》一课的"阅读提示"中明确指出该课文使用了"欲扬先抑"的写作手法。《阿长与〈山海经〉》和《背影》等多篇课文也使用了该写作手法。基于群文阅读的写作讲习课，能够帮助学生较好掌握"欲扬先抑"的写作方法，有效提高学生的写作能力，从而提升学生的语文核心素养。

【学情分析】

《义务教育语文课程标准（2022年版）》提出要兼顾不同学段学生核心素养发展的需求。八年级学生从学写生活中的人和事的记叙文开始，逐步过渡到描写自然景物，然后再进行说明文、议论文的写作练习，每一次转变都需要学习写作技巧。八年级的学生已经学过了《阿长与〈山海经〉》《列夫·托尔斯泰》《背影》等经典课文，在此基础上教师引导学生通过群文阅读来梳理、提炼"欲扬先抑"的写法，通过写作练习能促使学生更好地理解和掌握这一写作方法。

【教学目标】

1. 通过群文阅读方式，了解"欲扬先抑"写作手法在详略处理、人物形象描写、叙事结构方面的运用技巧。

2. 学生归纳总结"欲扬先抑"写作手法，并通过练习初步掌握这种写作手法。

3. 对写作实践进行评价，提高应用"欲扬先抑"写法的能力。

【教学重点〗

1. 学生将已经学过的三篇课文作为群文阅读文本,归纳"欲扬先抑"写作手法。

2. 以阅读任务为驱动梳理文章结构,提炼出"欲扬先抑"写作手法的概念和作用。

3. 在初步掌握该写作手法的基础上,开展读写一体化写作训练。

【教学难点】

1. 通过群文阅读,归纳、总结"欲扬先抑"写作手法的特点。

2. 开展读写一体化写作训练。

【教学方法】

1. 采用群文阅读教学,以《列夫·托尔斯泰》《阿长与〈山海经〉》《背影》为阅读文本,培养学生了解"欲扬先抑"写作手法在详略处理、人物形象描写、叙事结构方面的运用技巧。

2. 采用支架式教学法,搭建学习过程中的脚手架,引导学生学习"欲扬先抑"的写作手法。通过写作练习,掌握"欲扬先抑"的写作手法。

【教学课时】两课时

第一课时

【课时目标】

1. 通过群文阅读,了解"欲扬先抑"写作手法在详略处理、人物形象描写、叙事结构方面的运用技巧。

2. 归纳、总结出这几篇文章显著的写作方法——"欲扬先抑",并通过练习深入学习这种写作手法。

【教学过程】

一、故事导入知目标

导入:同学们,请听这样一个小故事。

明代,唐伯虎应邀参加当地一个财主母亲的八十大寿,写下了这样一首诗:

这个婆娘不是人,九天仙女下凡尘。

生个儿子来做贼,偷来蟠桃献母亲。

教师引导学生思考:作者在这首诗里暗藏了一种写作手法,请问哪位同学看出来了啊?

教师启发引导:这首诗从第一句话开始诗人就设置悬念,吸引着人们的注意力。直到末句,才完全解开悬念,这是"欲扬先抑"写作手法的典型应用。

追问:这种写作手法,我们在已经学过的哪篇课文中见到过呢?

学生回答:《背影》《阿长与〈山海经〉》等。

教师引导:今天我们就以三篇课文为载体,采取群文阅读的方式,了解作者如何应用"欲扬先抑"写作手法。

二、群文阅读探方法

教师布置自主阅读学习任务:请同学们温习三篇课文,探究"欲扬先抑"写作手法在文本中的应用方式。

设置问题:"欲扬先抑"写作手法在《阿长与〈山海经〉》《列夫·托尔斯泰》《背影》三篇课文具体运用的切入点是什么?

(一)小组研讨《阿长与〈山海经〉》中作者如何应用"欲扬先抑"的方法?讨论后选代表回答

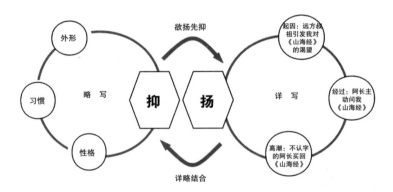

教师启发引导:鲁迅在文中将"欲扬先抑"的写作手法运用得十分巧妙。他先"抑"写,抑阿长的外形、习惯和性格,随后"扬"写,体现浓浓的爱。作者在阿长的众多缺点中挖掘了《山海经》这一个"扬"点,巧妙展现了阿长对"我"的关爱,并通过"我"对阿长态度的转变表达出"我"数十年后依然对阿长充满敬意。实现情感的自然升华,使文章温馨满满、余味悠长、历久弥新。此文可以称得上是"欲扬先抑"的经典范例。

（二）学生归纳总结，填写表格并交流研讨

《阿长与〈山海经〉》中"欲扬先抑"手法应用

"欲扬先抑"话详略		
	"先抑"采用的略写事例	"后扬"采用的详写事例
1	阿长爱饶舌	
2	阿长规矩太多	买《山海经》
3	阿长的生活习惯让我不堪其扰	
4	谋害死我的"隐鼠"	
作用	真实全面地展现阿长的人物形象，通过略写和详写相结合，展现"欲扬先抑"手法在详略处理方面的应用。	

（三）小组研讨《列夫·托尔斯泰》课文中作者如何应用"欲扬先抑"的方法

设置问题：这篇文章是如何运用"欲扬先抑"的写作手法的？讨论后选代表回答。

教师启发引导：作者巧妙地运用"欲扬先抑"进行肖像描写，鲜明地突出人物的特征。文章在描写列夫·托尔斯泰平庸甚至丑陋的外表时，突出了人物的外貌特征，给读者留下了深刻的印象：托尔斯泰虽外表丑陋，却内心高尚。

（四）学生归纳总结，填写表格并交流

《列夫·托尔斯泰》的人物肖像描写

"欲扬先抑"看描写		
	"先抑"表现的描写特征	"后扬"表现的描写特征
探究明确	描写列夫托尔斯泰面貌时突出了多毛的面孔、轮廓丑陋、长相普通、身材矮小的特点。	描写列夫托尔斯泰的眼睛时突出了其目光犀利、富含情感的特点。
作用	"欲扬先抑"写作手法使人物形象塑造的过程波澜起伏，形成人物描写方面的鲜明对比，容易使读者在阅读过程中留下比较深刻的印象。	

（五）小组研讨《背影》中作者如何应用"欲扬先抑"的写作手法

设置问题：这篇文章如何运用欲扬先抑的写作手法的？讨论后选代表回答。

教师启发引导：作者在《背影》的写作叙事过程中"抑"写的事例有几个？"扬"写的事例是哪个？

（六）学生归纳总结：填写表格并交流

《背影》叙事结构的角度

"欲扬先抑"学叙事		
	"先抑"采用的事例	"后扬"采用的事例
探究明确	作者先写父亲说话不漂亮，和脚夫讲价太小气、不聪明，表现得很迂腐。	父亲给我买橘子的背影，让我体会到了深厚的父爱。
作用	该文构思巧妙布局严谨，略写的几件小事展现了"抑"的视角，然后用丰满的笔调详写了"扬"的事例，突出表现背影隐含着的父爱。	

三、作业练习求深入

同学们通过学习以上几篇课文，初步了解了"欲扬先抑"的写作手法，为了进一步熟练掌握应用这一手法，课后同学们尝试从《藤野先生》一文中分析作者描写藤野先生时是怎么运用"欲扬先抑"写作手法的。

《藤野先生》一文"欲扬先抑"手法的应用		
	"先抑"（需要略写的素材）	"后扬"（需要详写的素材）
素材		
作用		

四、板书设计

第二课时

【课时目标】

1.归纳总结"欲扬先抑"的概念和作用。

2.对写作实践进行评价，提高应用"欲扬先抑"写法的能力。

【教学过程】

一、作业效果初评价

同学们，老师上课前对上节课大家独立完成的《藤野先生》"欲扬先抑"手法分析作业进行了批改，现在我们通过对作业的评价，加深对"欲扬先抑"写作手法的理解和掌握。

同学们存在的问题有：

1.个别同学事例查找不全，尤其略写的"先抑"部分存在遗漏的现象。

2. 还存在对"欲扬先抑"作用分析不到位的情况。

《藤野先生》一文"欲扬先抑"手法		
	"先抑"（需要略写的素材）	"后扬"（需要详写的素材）
素材	写其"穿衣服太马虎了"，以致上火车时管车的疑心他是扒手，再以"亲见他有一次上讲台没有带领结"证实，表现藤野先生不拘小节的特点。	（1）写藤野先生检查修改"我"抄的讲义，表现了先生认真负责、一丝不苟的工作态度。（2）写藤野先生指出"我"绘的解剖图中的错误，表现了先生热情细心的性格和严格要求的工作作风。写藤野先生为"我"不信鬼神，敢于解剖尸体而感到高兴和放心，表现了先生的正直无私、真挚诚恳的工作精神。（3）写先生向"我"询问、了解中国女人裹脚的情形，表现了先生的探索研究、实事求是的精神。
作用	"先抑后扬"塑造出藤野先生从严治学、热情关怀、正直诚恳、毫无民族偏见的高尚品质，使藤野先生人物形象更鲜明。	

学习效果评价表

等次	归纳事件	区分"抑""扬"	作业分析	组内互评
A 等	事件归纳得很完整。	对于"抑"写 "扬"写总结得很准确。	作用分析正确完整。	
B 等	事件归纳得较完整。	能够区分"抑"写"扬"写的内容。	作用分析较准确。	
C 等	不能很好地归纳事件。	不能准确表述"抑"写"扬"写的内容。	作用分析表述不准确。	
评价反思：要求学生根据自己的学习结果，思考出现问题的原因，并写出来，及时查漏补缺。				

二、提炼概念学知识

同学们，我们通过对《列夫·托尔斯泰》《阿长与〈山海经〉》《背影》《藤野先生》四篇文章的再学习，了解了"欲扬先抑"写作手法的相关知识，今天就让我们一起来归纳总结"欲扬先抑"写作手法的概念和作用，并通过写作加深对这种写作手法的学习。

（一）"欲扬先抑"的概念

欲扬先抑，也叫"先抑后扬"，是一种写作手法，也是一种人物描写技巧。欲扬先抑的"扬"，是指褒扬、抬高。"抑"，指按下、贬低。作者想褒扬某个人物，却不从褒扬处落笔，而先是按下，从相反的贬抑处落笔。用这种方法，使情节多变，形成波澜起伏，形成鲜明对比，容易使读者在阅读过程中产生恍然大悟的感觉，留下比较深刻的印象。

（二）"欲扬先抑"写法的作用

写文章讲究"文似看山不喜平"。这句话的意思是：写文章好比观赏山峰那样，喜欢奇势迭出，最忌平坦。

平铺直叙的文章是不能吸引人的，而"欲扬先抑"写法的使用，就能避免这种情况的出现。"欲扬先抑"的写作方法，能够使文章情节曲折多变，跌宕起伏，造成波澜，形成鲜明的对比，富有感染力，让读者在阅读过程中顿悟，从而留下深刻的印象。

运用这种方法，作者在构思与写作过程中要注意抑扬前后应具有对照性，而且大多是采用相反对立的形式构成对照。另外，对于抑扬两者，不可等量齐观，而是应该重在后扬。抑，起的是衬垫作用。这里的比例、分量的掌握，只能通过同学们不断的写作实践，去细细地体会、揣摩。

三、再感再练通技巧

同学们对"欲扬先抑"的写作手法有了一定的了解，为了进一步掌握"欲扬先抑"手法，同学们尝试写写自己熟悉的人，看看你能不能让文章变成起伏壮阔的山峦。

任务一：类文阅读（再感），阅读梁实秋先生的《我的一位国文老师》，感受"欲扬先抑"手法在本文中的使用方式，再次感知"欲扬先抑"写作手法。

任务二：拓展练习（再练），请你根据对"欲扬先抑"写作手法的理解和思考，以《_____人二三事》为题目，写一篇文章。

要求：①内容具体，有真情实感；②除诗歌外，文体不限；③文中不得出现真实的人名、校名和地名；④字数不得少于600字；⑤字迹工整，书写优美，卷面整洁。

四、板书设计

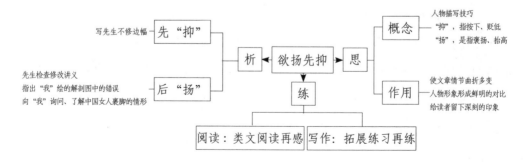

【教学反思】

一、群文阅读教学

本教学设计围绕"欲扬先抑"写作手法展开,选择一组相关联的文章,呈现"以类文为群文阅读板块。教师引导学生在阅读中凝练知识点,进而提升阅读力和写作能力,改变目前课堂上只教课文不见写作的现象。当三篇不同的文章组合在一起呈现在学生面前的时候,容易造成阅读的肤浅化与浮躁化。老师要善于引导学生在核心目标上深入探究,让学生在阅读中抓住重点,读出文章的独特之处。教师在指导学生开展群文阅读的同时要关注写作能力的培养。学生在自主研读的过程中读写结合,在阅读中领悟写作手法。

二、支架式教学

该教学设计以支架式教学为基础,在实施过程为实现教学目标设置多重支架,搭建创设了情境支架、图表支架、问题支架等,学生在支架的帮助下通过协作学习、效果评价等环节更好地掌握"欲扬先抑"写作手法,实现了认知能力的提升。

搭建支架:教学过程围绕当前学习目标搭建多重支架。围绕已有知识搭建以文章为主题的情境支架、以量化分析为主的图表支架、以问题为主的问题支架来突破新知识,实现教学目标。

进入情景:教师以古诗为情境。通过赏析经典古诗引导学生理解"欲扬先抑"手法在塑造人物形象方面独特的艺术魅力。以任务阅读促使学生产生进一步掌握该方法的内驱力。

独立探索:研学过程中,学生研究了"欲扬先抑"写作手法在三篇课文应用的特点。学生通过群文阅读归纳、总结出"欲扬先抑"写作手法的相关知识。

协作学习:整个研学过程以学习任务为抓手,通过任务驱动搭建学习小组平台,归纳总结"欲扬先抑"写作手法概念、作用等关键知识点。

效果评价:效果评价分别从课中课后两个维度进行。课中环节关注过程性评价,课后环节以阅读和写作练习作为效果评价的依据,属于核心素养类的能力评价。

(设计者：西宁市南川西路中学　黄剑)